T0118812

LA ROYAUTÉ

DANS LA MÊME COLLECTION

Translatio
Philosophies Médiévales

Directeurs : Jean-Baptiste BRENET et Christophe GRELLARD

THOMAS D'AQUIN

LA ROYAUTÉ
AU ROI DE CHYPRE

Texte latin de l'édition Léonine
introduit, traduit et annoté
par
Delphine CARRON

avec la collaboration de
Véronique DECAIX

PARIS
LIBRAIRIE PHILOSOPHIQUE J. VRIN
6 place de la Sorbonne, V^e

2017

Thomas d'Aquin, *De regno ad regem Cypri,*
Opera omnia, t. 42
© Roma, 1979, Edition Leonina

© *Librairie Philosophique J. VRIN*, 2017
Imprimé en France
ISSN 1779-7373
ISBN 978-2-7116-2713-4
www.vrin.fr

INTRODUCTION

> Il est clair que toutes les communautés
> visent un certain bien, et que, avant tout,
> c'est le bien suprême entre tous que vise
> celle qui est la plus éminente de toutes
> et qui contient toutes les autres. Or c'est
> celle que l'on appelle cité, c'est-à-dire
> la communauté politique. (Aristote,
> *Politique* I, 1, 1252a3-7)

La vie en communauté politique vise le bonheur de l'homme[1]. Platon et Aristote se rejoindraient, par-delà la diversité de leurs réponses, sur cette affirmation, prenant au sérieux la nécessité pour l'être humain de s'associer à d'autres, afin d'être heureux. Et l'auteur médiéval dont ce volume présente le traité souscrirait sans hésitation à cette proposition.

Tout comme Platon, Thomas d'Aquin (v. 1225-1274) met en évidence l'isomorphisme existant entre le corps humain (ou l'âme humaine) et le corps politique (ou la cité), organisés selon la justice en vue du bonheur. Tout comme Aristote, il affirme que pour atteindre la félicité

---

1. De l'homme commun du moins, qui n'est un être ni dégradé ni surhumain, comme le dit Aristote au début de sa *Politique* (I, 2, 1253a4-5). Thomas d'Aquin commente ce passage en ajoutant que l'homme qui ne serait pas citoyen de par sa nature serait soit, du fait de sa déchéance, une brute, soit au contraire, du fait de son autosuffisance, presque un dieu, tel saint Jean le Baptiste ou l'ermite saint Antoine (*Sententia libri Politicorum*, I, 1/b, in *Sancti Thomae Aquinatis... Opera omnia iussu Leonis XIII*, P. M. edita [ed. Leonina], t. 48, Roma, 1971, p. A78).

l'homme doit vivre dans une multitude civile – qui lui est d'ailleurs naturelle –, car elle lui permet de se réaliser pleinement; celle-ci assure la défense de ses membres, pourvoit à leurs besoins naturels, offre un cadre de paix, permet d'atteindre le bien commun par le biais de la justice et donne l'occasion de cultiver et de développer les vertus.

Cependant, Thomas d'Aquin ne donne pas exactement à la communauté politique et au bonheur les définitions qu'en proposaient Aristote ou Platon. Cela s'explique en partie par un contexte historique, culturel et intellectuel différent[1], que nous exposerons succinctement.

Étudier le traité *La Royauté, au roi de Chypre (De regno ad regem Cypri)* de Thomas d'Aquin se révèle à la fois passionnant et complexe pour celle ou celui qui s'intéresse à l'histoire de la philosophie politique. Passionnant, parce que cet ouvrage est l'unique traité appartenant strictement au genre de la théorie politique produit par le philosophe et théologien médiéval qu'est Thomas d'Aquin, qu'il représente un des premiers témoignages de la réception, au Moyen Âge latin, de la philosophie pratique (*Éthique à Nicomaque* et *Politique*) d'Aristote et qu'il y expose une vision novatrice de l'office royal[2]. Complexe pour de

---

1. J. Habermas, *Théorie et pratique. Critique de la politique 1*, trad. G. Raulet, Paris, Payot, 1975, p. 75-77, allant jusqu'à affirmer que « La médiation entre ces deux auteurs [Aristote et Hobbes] est assurée de façon très particulière par la philosophie sociale de Thomas d'Aquin. [...] Saint Thomas transforme donc la politique aristotélicienne en une philosophie du fait social, continuant cependant la tradition en ceci qu'il conserve le lien marqué existant chez Aristote entre l'éthique et la politique ».

2. M. Senellart, *Les arts de gouverner. Du* regimen *médiéval au concept de gouvernement* (désormais cité *Les arts de gouverner*), Paris, Seuil, 1995, p. 159, décrit ainsi le tournant initié, dans la pensée politique, par le *De regno* : « Aussi n'est-il pas excessif, ici, de parler de rupture, provoquée par le surgissement, dans l'espace intellectuel, du corpus aristotélicien ».

nombreuses autres raisons : l'œuvre est inachevée, mais a connu une « continuation » par un deuxième auteur ; elle a suscité des doutes quant à son authenticité ; elle est difficile à dater ; elle semble proposer des thèses en contradiction avec celles affirmées dans d'autres textes du Docteur angélique.

Six versions françaises du *De regno* ont été proposées entre 1857 et 2010 [1]. Le projet de cette nouvelle traduction est double : proposer une lecture scientifique de ce traité pris comme une unité signifiante – tout en le considérant comme une parmi d'autres contributions, dans l'œuvre de Thomas d'Aquin, à l'élaboration de sa pensée politique ;

---

1. Elles datent respectivement de 1857, 1926, 1931, 1946, 1997 et 2010 (voir à ce propos les Indications bibliographiques, p. 269). Si les quatre plus anciennes sont difficilement accessibles, les plus récentes ont été publiées chez Pierre Téqui, éditeur catholique « au service de l'Église et de la famille », et par l'institut *Civitas*, « œuvre de reconquête politique et sociale visant à rechristianiser la France », selon ce qu'on peut lire sur leurs sites Internet respectifs. Quant à la première version de Roguet (1926), elle se retrouve sur un site Internet monarchiste comme www.viveleroy.fr (consulté le 30.01.2015). Nous avons pris connaissance au moment de la réalisation de nos épreuves d'une nouvelle traduction réalisée par Michel Nodé-Langlois et publiée fin décembre 2015 chez Dalloz dans un volume intitulé *Penser le politique* (p. 63-110), qui propose toute une série de textes ou d'extraits concernant le politique, tirés de l'œuvre de Thomas d'Aquin, « rapportée [...] moins à son contexte historique qu'à ce soubassement philosophique [réalisme aristotélicien] qui la met aux antipodes de ce que sera à partir du siècle suivant le nominalisme inauguré par l'œuvre de Guillaume d'Ockham » (p. xv). En effet, comme l'affirme M. Nodé-Langlois dans son Avant-propos (p. xv), « on n'en finirait pas d'effeuiller les contextes à seule fin d'en montrer la relativité historique. Or l'histoire elle-même atteste que cette lecture réductrice, à laquelle s'en tient l'historicisme, bute sur le fait que la philosophie a toujours su arracher la pensée au contexte limité de sa production, et la porter à des propositions qui requièrent et rendent possible un examen de ce qu'elles signifient en elles-mêmes, indépendamment de la particularité de ce contexte ».

l'envisager, en dernière analyse[1], du point de vue de l'histoire de la réception, tel qu'il a été accueilli jusqu'au XIXe siècle, à savoir associé à sa « continuation », composée par Ptolémée de Lucques et transmis sous le titre *De regimine principum*[2].

THOMAS D'AQUIN DANS SON CONTEXTE
REPÈRES BIOGRAPHIQUES

Thomas d'Aquin[3] est un théologien chrétien, docteur et professeur à l'Université et dans les hautes écoles de son Ordre, particulièrement représentatif de son temps. Né dans le royaume de Naples à la frontière avec les États pontificaux vers 1225, dans une famille de seigneurs au service de l'empereur Frédéric II (mais qui oscilla dans son allégeance entre le pape et l'empereur), puis entré dans l'Ordre des Frères Prêcheurs à Naples en 1242, Thomas se trouve une première fois en contact, durant les années 1246-1248, avec l'Université de Paris, dans le royaume de France de Louis IX, en particulier avec la faculté des Arts et l'enseignement de philosophie qui y est donné. Suivent trois années durant lesquelles il assiste son maître Albert le Grand qu'il accompagne à Cologne. C'est en automne 1251 (ou 1252 au plus tard) qu'il commence sa propre carrière d'enseignant, à Paris. Durant cette première période, il compose, pour ce qui nous intéresse plus

1. Nous projetons en effet de traduire et publier la suite du traité, composée par un disciple de Thomas d'Aquin, Ptolémée de Lucques.

2. Pour plus de détails, voir *infra*, p. 18-19.

3. Pour une bonne synthèse biographique, voir A. Oliva, « La vie de Thomas d'Aquin », dans R. Imbach et A. Oliva, *La Philosophie de Thomas d'Aquin, Repères*, Paris, Vrin, 2009, p. 15-30. Voir aussi le classique de J.-P. Torrell, *Initiation à saint Thomas d'Aquin, sa personne, son œuvre* (désormais cité *Initiation à saint Thomas d'Aquin*), Fribourg – Paris, Editions universitaires – Cerf, 2e éd., 2002.

spécifiquement, son Commentaire sur le *Livre des Sentences* de Pierre Lombard, recueil de textes, *sententiae* et extraits des œuvres des Pères de l'Église, organisé thématiquement par distinction et devenu le manuel universitaire de théologie ; c'est durant cette même période qu'il commence la rédaction de la *Somme contre les Gentils*, ouvrage dans lequel il expose rationnellement les vérités professées par la foi catholique et les défend des attaques qui peuvent être portées contre elles.

Ayant achevé son mandat parisien et obtenu le grade de maître, Thomas rentre en Italie en 1259, dans la Province romaine de l'Ordre dominicain d'où il est issu : on lui assigne l'enseignement de la théologie au couvent d'Orvieto, où le pape Urbain IV installe sa curie. C'est à cette époque que Thomas achève sa *Somme contre les Gentils* et qu'il fait la connaissance de son confrère Guillaume de Moerbeke, lequel s'emploie à retraduire en latin l'intégralité de l'œuvre d'Aristote. En 1260, il est chargé par le chapitre provincial de la Province romaine de créer un centre de formation à Rome (Sainte-Sabine) pour les jeunes membres de l'Ordre et d'y enseigner : c'est dans ce cadre que naît le projet, qui restera inachevé, de la *Somme théologique*, destinée aux étudiants formés dans les écoles conventuelles dominicaines. La rencontre récente avec Guillaume de Moerbecke conduit Thomas à entreprendre un commentaire des œuvres aristotéliciennes, qu'il ne terminera cependant pas.

Rappelé à Paris en 1268, Thomas enseigne une seconde fois comme maître régent à l'Université. Son activité de commentateur d'Aristote y est particulièrement intense : il commente en particulier l'*Éthique à Nicomaque* (*Sententia libri Ethicorum*) et le début de la *Politique* (*Sententia libri Politicorum*, inachevée), il rédige en parallèle la deuxième partie de la *Somme théologique*, traitant de l'homme en tant qu'être libre et maître de ses actes.

En juin 1272, Thomas est chargé par le chapitre provincial de la Province romaine de fonder un nouveau *studium generale*, une école d'études supérieures pour son Ordre : il choisit le couvent de Naples et y réalise sa dernière période d'enseignement, jusqu'en décembre 1273, date à laquelle il cesse d'écrire et de dicter. En janvier 1274, il entreprend le voyage pour le Concile de Lyon où le pape Grégoire X l'a convoqué. Il meurt en chemin, à l'abbaye de Fossanova, le 7 mars 1274.

LA PENSÉE POLITIQUE DE THOMAS D'AQUIN ET LA RÉCEPTION DE LA *POLITIQUE* D'ARISTOTE AU MOYEN ÂGE LATIN

La redécouverte et la traduction de la *Politique* d'Aristote par Guillaume de Moerbeke – en deux étapes dans les années 1260-1268[1] – ont fait de ce traité un ouvrage de référence. Ce texte propose aux médiévaux de nouvelles notions dont l'interprétation ne s'est pas toujours avérée simple, en partie à cause de la traduction parfois obscure de Guillaume. En se tournant vers d'autres œuvres d'Aristote, en particulier l'*Éthique à Nicomaque* (importante, entre autres, pour ce qui concerne le bonheur politique, la

---

1. La *translatio imperfecta* qui s'achève par le chapitre 11 du livre II aurait été prête vers 1260, tandis que la *translatio completa* (intégralité de l'ouvrage) aurait été terminée vers 1265-1268. Voir à ce propos C. Flüeler, *Rezeption und Interpretation der aristotelischen* Politica *im späten Mittelalter*, Amsterdam – Philadelphia, B. R. Grüner, 2 vol., 1992, t. I, p. 16-27 et F. Bossier, « Méthode de traduction et problèmes de chronologie », dans *Guillaume de Moerbeke. Recueil d'études à l'occasion du 700ᵉ anniversaire de sa mort (1268)*, éd. J. Brams, W. Vanhamel, Leuven, Leuven University Press, 1989, p. 257-294.

royauté et la tyrannie), en utilisant l'exégèse biblique, le langage éthico-politique d'origine cicéronienne (qui présente des influences diverses, à la fois stoïcienne et républicaine romaine), en puisant aux sources juridiques des deux droits (canonique et civil), les lecteurs de la *Politique* du XIIIe siècle, dont fait partie Thomas d'Aquin, ont élaboré une interprétation générale de ce traité, cristallisée en une grille de questions récurrentes. Outre les réflexions structurelles sur l'existence et l'excellence de la science pratique politique dans la philosophie morale [1] ainsi que sur la naturalité et la perfection de la vie politique pour l'homme, les interrogations qui ont permis de formaliser cette nouvelle science peuvent se résumer en deux questions principales, formulées avant tout à partir des chapitres 10-18 du livre III de la *Politique* : 1. « Quelle est la forme de gouvernement* la plus convenable (concernant l'étendue et l'objectif de la classe dirigeante)? ; puisqu'il faut diriger les citoyens en vue du bien commun, est-ce le gouvernement d'un seul homme, d'un petit nombre ou de plusieurs personnes qui est le meilleur? », et 2. « Quel est le mode de gouvernement le plus adéquat (concernant la manière dont la classe dirigeante exerce le pouvoir) : est-ce un gouvernement selon les lois ou selon la volonté du dirigeant? » [2]. Ces deux interrogations – à propos de la

1. Raisonnement que Thomas réalise dans le Prologue à son Commentaire de la *Politique* (*Sententia libri Politicorum, Prologus*, éd. cit., p. A69a-70b), à la suite d'Albert le Grand qui, le premier, dans son propre Commentaire (*Politicorum libri VIII*, dans *Alberti Magni Opera omnia...*, t. VII, éd. A. Borgnet, Paris, Vivès, 1891, p. 6a-15b) établit la politique comme science philosophique et comme première science de la philosophie pratique.

2. Voir à ce propos P. Molnár, « Saint Thomas d'Aquin et la pensée politique », *Archives d'histoire doctrinale et littéraire du Moyen Âge* 69 (2002), p. 68-69.

meilleure forme et du meilleur mode de gouvernement –
sont centrales dans la pensée politique du dominicain.

Thomas est en effet un des premiers (au côté d'Albert
le Grand)[1] à lire et à utiliser la *Politique* d'Aristote. C'est
en grande partie grâce à lui (et à ses continuateurs directs[2])
que les idées politiques aristotéliciennes – spécificité de
l'ordre pratique par rapport au théorique, l'homme comme
animal politique, le citoyen comme membre actif au service
du bien de la cité, la classification des formes de
gouvernement en fonction du nombre des dirigeants et de
la fin vers laquelle ils tendent, les modes de gouvernement
en fonction du lien entre le dirigeant et la loi – pénètrent
la réflexion scolastique médiévale.

Présenter la doctrine politique de Thomas d'Aquin se
révèle ardu, car sa théorie est souvent apparue comme
ambiguë, le problème ayant été traité à différentes époques
et en plusieurs endroits de son œuvre – Commentaire des

1. Comme nous l'avons dit, Thomas rédige son commentaire entre
1269 et 1271, alors qu'Albert le Grand l'aurait réalisé, selon les éditeurs
de la *Sententia libri Politicorum* de Thomas d'Aquin, vers 1265.
F. Cheneval, « Considérations presque philosophiques sur les commentaires
de la *Politique* d'Albert le Grand et de Thomas d'Aquin », dans *Albert
le Grand et sa réception au Moyen Âge. Hommage à Zénon Kaluza*, éd.
F. Cheneval, R. Imbach, T. Ricklin, Separatum de la *Freiburger Zeitschrift
für Philosophie und Theologie* 45 (1998), p. 56-83, confirme l'antériorité
du commentaire d'Albert.

2. Ses continuateurs sont en premier chef ceux qui ont terminé ses
œuvres politiques inachevées, à savoir Pierre d'Auvergne, pour le
Commentaire de la *Politique* (*Scriptum super libros Politicorum, III,
7-VIII* (v. 1272-1295), dans Thomas d'Aquin, *In octo libros Politicorum
Aristotelis expositio*, éd. R. M. Spiazzi, Torino – Roma, Marietti, 1951,
p. 142-438; notons que Lidia Lanza a préparé une nouvelle édition critique
de ce commentaire, à paraître chez Francke dans la collection « Corpus
Philosophorum Medii Aevi ») et Ptolémée de Lucques, pour *La Royauté*
(*De regimine principum* (v. 1300), dans Thomas d'Aquin, *Opuscula
omnia necnon opera minora*, t. 1 : *Opuscula philosophica*, éd. J. Perrier,
Paris, Lethellieux, 1949, p. 270-426).

Sentences, Somme contre les Gentils, Commentaire de l'*Éthique,* Commentaire de la *Politique* (I, 1-III, 6), *Somme théologique* I-II, q. 90-97 (exposé sur la loi en général), II-II, q. 57-80 (traité sur la vertu de la justice) et II-II, q. 101-122 (étude des vertus sociales), opuscule sur *La Royauté –*, sous des perspectives différentes et selon diverses modalités. Il est certain qu'on ne traite pas le sujet de la même manière selon que l'on propose un commentaire suivi d'une œuvre d'Aristote, que l'on réponde à des thèmes obligés en théologie, que l'on élabore un exposé complet et concis sur le savoir théologique présenté de manière organique ou que l'on rédige un traité à l'attention d'un roi en fonction.

Il nous semble malgré tout possible d'en dégager un projet politique cohérent. En effet, qu'il explicite les positions aristotéliciennes, envisage les questions de manière théorique ou qu'il réfléchisse à certaines questions en tenant compte de facteurs contingents, Thomas d'Aquin présente des réponses que l'on peut tenir pour complémentaires et solidaires, comme nous le montrerons [1].

---

1. Nous maintenons cette idée malgré la démonstration efficace réalisée par P. Molnár dans son article « Saint Thomas d'Aquin et la pensée politique », art. cit., travail qui nous a d'ailleurs été très utile et que nous suivons de près sur de nombreux points. D'autres avant nous se sont risqués à une présentation « concordiste », en particulier les penseurs dominicains L. Lachance (*L'humanisme politique de saint Thomas d'Aquin. Individu et État,* 1946, rééd. Roosdaal, Quentin Moreau, 2014) et F. Daguet (« Le politique chez Saint Thomas d'Aquin », dans *Saint Thomas d'Aquin,* éd. T.-H. Humbrecht, Paris, Cerf, 2010, p. 379-409, en part. p. 381 : « la pensée politique de Thomas d'Aquin est d'une extrême cohérence et témoigne de son souci d'avoir une conception unitive et globale du fait communautaire »). Nous avons consulté tardivement la monographie de ce même auteur qui reprend, de manière approfondie, les éléments déjà présentés dans cet article : F. Daguet, *Du politique chez Thomas d'Aquin,* Paris, Vrin, 2015. Nous reprenons cette discussion plus bas, p. 37-69.

Affirmer ceci, c'est remettre en cause une hypothèse souvent acceptée par les chercheurs : *La Royauté* exprimerait sur certains sujets – royauté comme meilleure forme de gouvernement, relation entre pouvoirs temporel et spirituel – des thèses opposées à celles exposées dans d'autres écrits de Thomas. Et ceci serait dû aux conditions de rédaction de l'opuscule (traité inachevé et donc non révisé, date de sa composition, conditions politiques historiques dans lesquelles exerce le destinataire de l'œuvre)[1].

1. Voir par exemple, à différentes époques, M.-D. Chenu, « Compte-rendu », *Bulletin Thomiste* 5 (1928), p. 334 : « Le *De regno* est un traité pédagogique et moral à l'usage d'un prince, non une œuvre organique de théorie politique » ; M. Martin-Cottier, « Préface », dans Thomas d'Aquin, *Du royaume*, Paris, Egloff, 1946, p. 5 : « Le *De Regno* ne contient pas la doctrine politique complète de saint Thomas. S'adressant à un roi régnant, il tient la royauté comme un fait établi dont on partira pour exercer un gouvernement juste » ; M. Grandclaude, « Les particularités du *De regimine principum* de S. Thomas », *Revue historique de droit français et étranger* (1929), p. 666, que cite aussi M.-D. Chenu, *Introduction à l'étude de saint Thomas d'Aquin*, Montréal – Paris, Institut d'Études médiévales – Vrin, 3ᵉ éd., 1974, p. 287 : « Si en 1266, les liges apparaissaient à Chypre comme les champions de l'anarchie et le roi comme le seul défenseur possible de l'ordre public, on pourrait s'expliquer que dans le *De regimine* Thomas n'ait pas exprimé sa préférence pour le gouvernement mixte et ait recommandé la monarchie pure » ; L. Genicot, « Le *De regno* : spéculation ou réalisme ? », dans *Aquinas and Problems of his Time*, éd. G. Verbeke, D. Verhelst, Leuven – The Hague, Leuven University Press – Martius Nijhoff, 1976, p. 4 : « D'entrée de jeu, il faut souligner fermement qu'il [le *De regno*] n'est pas un témoin idéal de l'attitude du docteur angélique en matière de politique » ; H.-F. Dondaine, « Préface », dans Thomas d'Aquin, *De regno ad regem Cypri*, dans *Sancti Thomae Aquinatis... Opera omnia iussu Leonis XIII. P. M. edita* [ed. Leonina], t. 42, Roma, 1979, p. 424 : « Inachevé, peut-être accidenté... cet opuscule se présente dans des conditions un peu difficiles ; elles imposent prudence et discrétion dans le recours à son texte comme expression de la pensée de l'auteur ». Récemment encore M. D. Jordan, dans son article « *De regno* and the Place of Political Thinking in Thomas Aquinas », *Medioevo, Rivista di filosofia medievale* 18 (1992),

Avant de discuter de la pertinence de cette thèse, il s'agit de présenter plus précisément les différentes caractéristiques qui ont rendu délicate l'interprétation de cet ouvrage.

LA ROYAUTÉ, AU ROI DE CHYPRE :
UNE ŒUVRE COMPLEXE À ABORDER

La Royauté, au roi de Chypre se présente, dans son prologue, comme un « miroir des princes », à savoir un écrit pédagogique et moral destiné à un gouvernant, représentant un des genres par excellence de la pensée politique médiévale. Le traité se donne pour mission d'enquêter sur la signification du terme « roi », en exposant « l'origine de la royauté* et l'office* qui incombe au roi » (Prologue) et ce, grâce à l'autorité de la Sainte Écriture, à l'enseignement des philosophes et aux exemples historiques. Thomas d'Aquin ne se contente pourtant pas, malgré le genre auquel il se réfère, d'une présentation du comportement idéal du prince et d'une exhortation à la vertu, mais veut entreprendre une réflexion plus argumentée sur la nature et le rôle du pouvoir politique.

Comme évoqué plus haut, les éléments problématiques concernant cet opuscule destiné à un laïc sont au nombre de trois : inachèvement de l'ouvrage et « continuation » par un tiers, doute sur son authenticité, question concernant sa datation et son destinataire [1]. Nous terminerons cette présentation par une proposition de plan commenté du traité.

---

p. 152, 189-159, 161-164 et J.-P. Torrell, *Initiation à Saint Thomas d'Aquin, op. cit.*, p. 248, se sont montrés sceptiques quant à la valeur du *De regno* comme expression des idées politiques thomasiennes.

1. Pour une présentation exhaustive de l'histoire du texte et de sa transmission, voir la « Préface » de H.-F. Dondaine à l'édition de référence (édition léonine), *op. cit.*, p. 419-446.

Un traité inachevé

Le *De regno ad regem Cypri* – souvent transmis sous le titre *De regimine principum* – est édité habituellement parmi les textes très divers de Thomas d'Aquin que la tradition a dénommés « opuscules ». Son titre original est certainement le premier cité, puisque c'est celui que Thomas utilise dans son prologue, celui que l'on trouve dans la majorité des grandes Collections d'opuscules et des manuscrits ne reproduisant que la partie authentiquement thomasienne[1]. En effet, le texte s'interrompt au milieu du huitième chapitre du deuxième livre (aux mots « ut animi hominum recreentur »), selon le témoignage des plus anciens codex, confirmé par celui de la critique interne[2].

Le fragment de Thomas a commencé par avoir une tradition propre; il est conservé dans un certain nombre de manuscrits[3]. Mais le *De regno* est complété, vers 1300, par un disciple de Thomas, le dominicain toscan Ptolémée de Lucques qui étudie aux côtés du maître durant les dernières années de sa vie au *studium* de Naples[4]. Cette

---

1. H.-F. Dondaine, « Préface », art. cit., p. 421, 425-431. On trouve cependant régulièrement comme titre, dans les plus anciens manuscrits, *De rege et regno ad regem Cypri*.

2. H.-F. Dondaine, « Préface », art. cit., p. 421-423.

3. Selon H.-F. Dondaine, « Préface », art. cit., p. 425-431, il y en aurait quarante-neuf (trente-deux avec la version jusqu'à « recreentur » et dix-sept avec une version plus brève encore) sur quatre-vingt-trois manuscrits restants.

4. La paternité de cette continuation a aussi fait l'objet de débats fournis. Par exemple, A. O'Rahilly, « Notes on St. Thomas : IV. *De regimine principum* » et « V. Tholomeo of Lucca, Continuator of the *De regimine principum* », *Irish Ecclesiastical Record* 31 (1929), p. 396-410 et 606-614, qui argumente en faveur de Ptolémée, et E. Flori, « Il tratto *De regimine principum* e le dottrine politiche di S. Tommaso », dans *La scuola cattolica. Scritti vari nel VI centenario della canonizzazione di S. Tommaso d'Aquino*, (1924), p. 133-169, qui soutient l'option contraire.

« continuation » termine le livre II, peut-être à partir de notes laissées par Thomas, puis ajoute un troisième et un quatrième livres. Soixante-deux nouveaux chapitres apparaissent alors dans la tradition manuscrite au début du XIVe siècle [1], et la version allongée devient majoritaire dès le XVe siècle. Selon la quasi-totalité des critiques, le texte de Ptolémée ne compléterait l'œuvre du maître qu'en apparence, en proposant une doctrine souvent étrangère à celle du Docteur angélique [2]. Cette continuation, quoique doctrinalement hétérogène (du moins à première lecture), est pourtant très importante pour l'histoire de la réception de cette œuvre et plus généralement pour l'histoire de la réception de la doctrine politique thomasienne, car l'œuvre a circulé comme un tout du XVe au XVIIIe, voire XIXe siècle [3]. La partie de Thomas et celle de Ptolémée sont en effet apparues le plus souvent comme une unité littérairement indistinguée, sous un seul titre et un seul auteur : *De regimine principum* de Thomas d'Aquin. Relevons que, dans la littérature médiévale, le titre *De regimine principum*, n'est pas utilisé jusqu'à la fin du XIIIe siècle, lorsque, remplaçant le plus ancien *Speculum*, il apparaît non comme un titre individuel pour un livre individuel, mais comme un nom commun désignant un type de productions littéraires dans lequel l'écrivain se donne le devoir de dire au gouvernant ce qu'il devrait faire, à la suite du traité pseudo-

1. Relevons que deux manuscrits de la fin du XIVe siècle et un troisième du XVe siècle, en quatre livres, précisent, par une note en marge, où s'arrête la partie de Thomas et où commence celle de Ptolémée.

2. Voir les exemples donnés par H.-F. Dondaine dans sa « Préface », art. cit., p. 422.

3. H.-F. Dondaine, « Préface », art. cit., p. 432-434, dénombre quarante-deux éditions imprimées du XVe au XIXe siècle qui publient l'intégralité du traité presque exclusivement sous le titre *De regimine principum* et qui, pour la plupart, l'attribuent à Thomas d'Aquin.

aristotélicien *Secretum Secretorum* (dont le sous-titre était *Liber moralium de regimine regum, principum ac dominorum*) et de l'ouvrage éponyme de Gilles de Rome (v. 1279)[1].

Doutes (levés) quant à l'authenticité de l'opuscule

La Royauté est-elle une œuvre authentique de Thomas d'Aquin? Après des siècles de controverse, la réponse semble avoir été tranchée : elle est positive. Ceux qui mettaient en doute cette authenticité fondaient avant tout leur argumentation sur le manque de rigueur dont faisaient preuve la construction et l'argumentation de l'ouvrage, en deçà des compétences du Docteur angélique, ainsi que sur les incompatibilités doctrinales que le traité semblait présenter avec le reste de l'œuvre du dominicain[2]. La démonstration de l'authenticité de *La Royauté* avait pourtant déjà été proposée au XVIIIe siècle par Jacques Echard dans

1. Voir à ce propos I. T. Eschmann, « Introduction », dans Thomas d'Aquin, *On Kingship to the King of Cyprus*, trad. G. B. Phelan, revu par I. T. Eschmann, Toronto, The Pontifical Institute of Medieval Studies, 1949, p. IX-XXXIX, en part. p. XI.
2. Une des dernières mises en doute sérieuses contre l'authenticité du traité a été lancée par W. Mohr, « Bemerkungen zur Verfasserschaft von *De regimine principum* », dans Virtus politica. *Festgabe zum 75. Geburtstag von Alfons Hufnagel*, éd. J. Müller, H. Koblenberger, Stuttgart – Bad Cannerstratt, Fromman – Günther Holzboog, 1974, p. 127-145, cinq ans avant la parution de l'édition léonine. Comme le rappelle J. M. Blythe, dans l'« Introduction » de sa traduction du traité, sous le titre *On the Governance of Rulers*, Philadelphia, University of Philadelphia Press, 1997, p. 3, A. Black, dans son célèbre manuel *Political Thought in Europe, 1250-1450*, Cambridge, Cambridge University Press, en 1992, considère encore que Thomas n'a pas écrit ce traité, avec peut-être l'exception du chapitre I, 1, ce qu'il argumente (non dans l'ouvrage, mais dans une correspondance privée qu'il a échangée avec J. M. Blythe) par des différences fondamentales de style littéraire et intellectuel et d'opinion entre ce traité et le reste de l'œuvre de Thomas.

sa monumentale synthèse bibliographique dominicaine intitulée *Scriptores Ordinis Praedicatorum* [1]. Ce matériel a été depuis approfondi et augmenté, jusqu'au travail de Dondaine qui, dans sa préface à l'édition critique pour la commission léonine, fait le point sur la question [2].

Ce traité est en effet recensé parmi les ouvrages authentiques dans les sources les plus anciennes et les plus sûres de la bibliographie thomasienne. Il figure ainsi au catalogue des œuvres de Thomas inséré dans le procès de canonisation et qui fut dressé, comme l'a montré le P. Mandonnet [3], sur l'ordre du chapitre général des Prêcheurs, par le secrétaire même du Docteur angélique, Reynald de Piperno. Le *De regno* est aussi mentionné parmi les *Opuscula* rassemblés par un éditeur (certainement Reynald) quelques années après la mort de l'Aquinate [4]. Atténuant l'appréciation de l'éditeur anglais Eschmann, qui voyait dans la partie authentique uniquement une série d'ébauches mises ensemble de manière assez arbitraire par une main étrangère [5], Dondaine, dans sa propre préface, reconnaît le caractère quelquefois décousu et peu abouti du style de l'ouvrage, même si, comme nous le verrons, il est possible d'en tirer un plan plutôt bien construit. Thomas n'a, il est vrai, pas lui-même édité le traité, ni corrigé et autorisé un apographe. Celui-là, inachevé, ne semble pas avoir été non plus envoyé à son destinataire, le roi de Chypre. Quant

---

1. J. Echard, *Scriptores Ordinis Praedicatorum recensiti*, Paris, Ballard & Simart, t. 1, 1719, p. 336.

2. H.-F. Dondaine, « Préface », art. cit., p. 421-424.

3. P. Mandonnet, « Les Opuscules de saint Thomas d'Aquin. Introduction », dans Thomas d'Aquin, *Opuscula omnia*, Paris, Lethielleux, 1927, p. IV-VII.

4. Ainsi, ni la collection des *Opuscula* en tant que telle, ni le *De regno* n'étaient connus avant 1274.

5. I. T. Eschmann, « Introduction », art. cit., p. XXV.

aux jugements concernant les apparentes contradictions entre les thèses défendues dans *La Royauté* et les autres œuvres de Thomas, nous y reviendrons, comme annoncé.

Questions sur la date
de sa composition et sur le destinataire

Il n'existe aucun indice qui permette de proposer une année précise pour la rédaction de *La Royauté*[1], et Dondaine, l'éditeur scientifique du traité en latin, en conclut prudemment qu'on ne peut le dater avec certitude[2]. Cependant, beaucoup s'y sont essayés, en associant, dans l'enquête, l'établissement d'une période de rédaction et l'identification du destinataire de l'opuscule. Tous les catalogues d'*Opera fratris Thomae* et de nombreux manuscrits donnent en effet l'adresse *ad regem Cypri*. Deux candidats sérieux ont été proposés pour ce roi de Chypre : Hugues II de Lusignan (1253-1267) et Hugues III d'Antioche-Lusignan (1267-1284). La désignation du bon destinataire devrait permettre d'élucider d'autres points, en particulier le motif qui a poussé Thomas à rédiger cet opuscule et la cause qui l'a déterminé à en interrompre la rédaction. Chacun des deux rois a recueilli un certain nombre de suffrages auprès des historiens qui se sont intéressés à l'opuscule thomasien.

S'il s'agit d'Hugues II, cela conduirait à estimer la date du traité à 1267 environ. Hugues II, qui fut roi au berceau, n'exerça jamais véritablement le pouvoir, puisqu'il mourut à quatorze ans. C'est sa mère, la reine Plaisance d'Antioche qui fut d'abord régente (1253-1261), puis son cousin

---

1. Pour plus de détails, voir à ce propos H.-F. Dondaine, « Préface », art. cit., p. 424-425.
2. H.-F. Dondaine, « Préface », art. cit., p. 425.

Hugues d'Antioche-Lusignan (1261-1267), futur
Hugues III[1]. Les arguments en faveur de cette option, déjà
proposés, pour certains, par Echard au XVIII e siècle, ont
convaincu un grand nombre de chercheurs[2]. Ce dernier
jugeait peu vraisemblable que le dominicain ait dédié son
ouvrage à Hugues III, rival de Charles d'Anjou dans la
compétition pour la couronne de Jérusalem, alors que la
famille de Thomas était liée aux Angevins. D'autre part,
le *De regno* lui paraît mieux convenir à un jeune prince
comme Hugues II qui, de plus, meurt en décembre 1267,
ce qui expliquerait l'interruption de la rédaction : Thomas
qui écrivait ce traité pour rendre service et qui était alors
absorbé à la Curie romaine par des travaux plus importants
(partie I de la *Somme théologique*) aurait abandonné cet
écrit à la mort du destinataire.

Dans l'« Introduction » à la traduction anglaise de
1949, Eschmann[3] propose en outre des résultats selon lui
probants, à partir d'une critique interne, en comparant la
connaissance plus faible dont témoigne le *De regno* de
deux thèmes de la *Politique* d'Aristote – les différentes
formes de gouvernement et la sociabilité naturelle de

1. Pour ces informations, voir A. Nicolaou-Konnari et C. Schabel
(éd.), *Cyprus. Society and Culture, 1191-1374*, Leiden – Boston, Brill,
2005, p. 125.

2. J. Echard, *Scriptores Ordinis Praedicatorum recensiti, op. cit.*,
p. 337. Voici quelques autres exemples, dans l'ordre chronologique :
P. Mandonnet, « Les Opuscules de saint Thomas d'Aquin. Introduction »,
art. cit., 1927, p. LII ; M. Grandclaude, « Les particularités du *De regimine
principum* de S. Thomas », art. cit., p. 655 ; I. T. Eschmann, « Introduction »,
art. cit., p. XXVII ; H.-F. Dondaine, « Préface », art. cit., p. 424 (qui le
propose avec des doutes) ; J.-P. Torrell, *Initation à saint Thomas d'Aquin,
op. cit.*, p. 247-248 ; A. Oliva, « La vie de Thomas d'Aquin », art. cit.,
p. 25.

3. I. T. Eschmann, « Introduction », art. cit., p. XXVII-XXIX.

l'homme[1] – avec celle qu'on relève dans la *Secunda Pars* de la *Somme théologique* (1270-1272), et avec les Commentaires à l'*Ethique* (1271-1272) et à la *Politique* (1269-1271). Selon Eschmann, dans le *De regno*, la *Politique* d'Aristote serait utilisée de manière moins approfondie que dans ces ouvrages postérieurs.

Quelques éléments historiques ont aussi été ajoutés à cette argumentation[2] : Thomas aurait produit, sur demande, cet opuscule pour le jeune Hugues II tant comme un hommage pour les services rendus par les Lusignan à l'Ordre dominicain (aides financières pour la construction du couvent de Nicosie) que comme expression de leurs attentes pour son rôle dans l'imminente croisade en Syrie et en Terre Sainte. En outre, Hugues II est le premier des rois Lusignan à être enterré dans l'église du couvent Saint-Dominique à Nicosie, ce qui indique l'étroite amitié qui régnait entre cette maison royale et l'Ordre dominicain durant ces années.

Quant à l'hypothèse d'Hugues III d'Antioche-Lusignan, roi de Chypre de 1267 à 1284, ainsi que roi de Jérusalem

---

1. Par rapport à ce dernier thème, Thomas utilise encore Avicenne, dans *La Royauté*, à propos de l'autarcie des animaux et la dépendance des hommes entre eux, quant à leur survie, alors que c'est Aristote qui est cité dans les Commentaires de la *Politique* (I, 1/b, éd. cit., p. A78-A79) et de l'*Ethique* (*Sententia libri Ethicorum*, dans *Sancti Thomae Aquinatis... Opera omnia iussu Leonis XIII. P. M. edita* [ed. Leonina], t. 47, Roma, 1969, VIII, 12, p. 488-489 ; IX, 10, p. 538) concernant le langage humain comme possibilité d'expression des valeurs ; de plus, l'emploi du syntagme « animal civile », provenant de la traduction de la *Politique* de Moerbeke (I, 2 1253a3 et 1253a7 et III, 5, 1278b20), est utilisé dans le Commentaire de l'*Ethique* (I, 9, 1097b11, éd. cit., p. 32) et de la *Politique* (I, 1/b, éd. cit., p. A78-A79 ; III, 5, p. A201), mais pas dans le *De regno*.

2. Voir à ce propos C. P. Kypris, *History of Cyprus*, Nicosia, Nicocles Publishing, 1985, p. 215-216.

à partir de 1269 [1], plusieurs arguments jouent en sa faveur – tant d'ordre philologique qu'historique –, et ont convaincu quelques chercheurs ces dernières décennies [2]. Flüeler [3] a tout d'abord montré que Thomas d'Aquin cite la *translatio completa* de Moerbeke à partir de 1268, ce qui veut dire dès sa réalisation, mais de manière progressive quant à son contenu : dans un premier temps, les quatre premiers livres ; les livres suivants (V-VIII) à partir de 1270, à l'époque de la rédaction de la *Secunda Pars* de la *Somme théologique* ou des Commentaires de l'*Éthique* et de la *Politique*. Or, dans *La Royauté*, le dominicain fait référence cinq fois à la *Politique* de manière explicite et l'utilise au moins seize autres fois, en particulier les livres V-VII [4] (qui sont d'ailleurs les seuls à être cités *verbatim*), ce qui

1. *Cf.* C. P. Kypris, *History of Cyprus, op. cit.*, p. 225.

2. Par exemple C. Flüeler, *Rezeption und Interpretation der aristotelischen* Politica *im späten Mittelalter, op. cit.*, p. 28 ; B. Töpfer, *Urzustand und Sündenfall in der mittelalterlichen Gesellschafts- und Staatstheorie*, Stuttgart, Hiersemann, 1999, p. 230 ; J. Miethke, « Der erste Entwurf einer aristotelischen Theorie : Thomas von Aquin, *De regno* », dans *De potestate papae. Die päpstliche Amtskompetenz im Widerstreit der politischen Theorie von Thomas von Aquin bis Wilhlem von Ockham*, Tübingen, Mohr, 2000, p. 28 et 30 ; P. Molnár, « Saint Thomas d'Aquin et les traditions de la pensée politique », art. cit., p. 78.

3. C. Flüeler, *Rezeption und Interpretation der aristotelischen* Politica *im späten Mittelalter, op. cit.*, p. 25-28.

4. *De regno* I, 1 : *Politica* I, 2 (1252b9-30 ; 1253a3 et 8) ; I, 5 (1254a20-25 et 28) ; III, 6 (1279a17 et a22-b10) ; III, 7 (1279a27 et b1) ; *De regno* I, 3 : *Pol.* V, 11 (1313a35-b29) ; *De regno* I, 5 : *Pol.* V, 2 (1316a34-36) ; *De regno* I, 10 : *Pol.* III, 4 (1285a24-29) ; **V, 12 (1315b11-39)** ; *De regno* II, 3 : *Pol.* I, 2 (1253b30) ; III, 9 (1280a25-1281a10 et 1280b33), VII, 2 (1324a4 et 1325b15-31) ; *De regno* II, 5 : ***Pol.* VII, 7 (1327b23-32)** ; *De regno* II, 7 : *Pol.* I, 8-10 ; ***Pol.* VI, 4 (1318b12)** ; ***Pol.* V, 3 (1303a27)** ; **VII, 6 (1327a13-15)**. Les citations explicites sont en gras. Il y a plus de références que d'utilisations, car pour certaines thématiques, il était possible de faire référence à plus d'un passage de la *Politique*.

conduirait à dater l'opuscule des années 1270-1273, à en faire un ouvrage de fin de carrière (ce qui peut expliquer son inachèvement, au même titre que le Commentaire de la *Politique* ou que la *Somme théologique*) et à identifier le destinataire comme étant Hugues III. Ceci concorderait d'ailleurs avec ce qu'affirmait le dominicain Étienne de Lusignan au XVIe siècle, de la même famille que ces rois, qui désigne explicitement Hugues III, dans sa *Chorografia e breve historia universale dell'isola di Cipro*[1], comme le destinataire du traité thomasien.

Relevons encore qu'Eschmann[2], tout en choisissant de dater l'opuscule des années 1265-1267 pour des raisons doctrinales, invalide les arguments donnés par Echard pour la candidature d'Hugues II, à savoir que la rivalité entre Hugues III et Charles d'Anjou ne débute qu'en 1277, après la mort de Thomas, et que ce traité ne semble pas particulièrement dédié à un enfant.

La situation politique et historique des royaumes de Chypre et de Jérusalem au temps d'Hugues III pourrait aussi expliquer la commande de ce traité. Bien qu'Hugues III ait été choisi par l'assemblée des barons, son règne à la tête du royaume de Jérusalem ne s'était pas déroulé sans difficulté. À l'intérieur, cela faisait trente-cinq ans que les sujets s'étaient passés de roi et ils manifestèrent leur opposition à ce pouvoir central. À l'extérieur, le sultan mamelouk Baybars faisait pression sur le royaume[3]. Hugues III n'a ainsi pas été ménagé et méritait sans doute,

1. *Cf.* Étienne de Lusignan, *Chorografia e breve historia universale dell'isola di Cipro*, Bologna, 1573, f. 54b.

2. *Cf.* I. T. Eschmann, « Introduction », art. cit., p. XXVII.

3. J. Prawer, *Histoire du Royaume latin de Jérusalem*, trad. G. Nahon, t. II, Paris, Édition du Centre National de la Recherche Scientifique, 1969, réimpr. 2007, p. 457-458.

dans son effort d'unifier le pouvoir[1] et de fédérer les forces franques contre les Mamelouks, les encouragements et les conseils du grand Thomas d'Aquin.

Quoi qu'il en soit du destinataire – même si nous sommes plus convaincus par la candidature d'Hugues III[2] –, les relations entre Thomas et le roi de Chypre n'étaient certainement pas de caractère personnel et l'invitation à composer ce traité dut venir d'un dominicain en lien avec la province de Terre Sainte, comme pouvait l'être Thomas Agni da Lentini, fondateur du couvent Saint-Dominique de Naples – où Thomas d'Aquin est entré dans l'Ordre – puis évêque de Bethléem (1255-1267), légat pontifical en Orient et patriarche latin de Jérusalem (dès 1272). En effet, la province de Terre Sainte était, au XIIIe siècle, le terrain de mission le plus important de l'Ordre dominicain : c'était un lieu de grande importance stratégique, militairement et politiquement. La politique ecclésiastique était logiquement orientée vers la persistance à Chypre et à Jérusalem d'un souverain chrétien, dont le petit territoire se trouvait dans une aire de grande présence musulmane. Il est ainsi important de saisir les implications et les connotations que

1. Quelquefois en faisant preuve d'un pouvoir fort, comme l'indique la lettre du pape Urbain IV du 23 janvier 1263 au régent du royaume de Chypre (à savoir le futur Hugues III, alors qu'Hugues II est roi mineur), dans laquelle le souverain pontife exige qu'on arrête certains chevaliers excommuniés et qu'on châtie les Grecs, malgré l'opposition des barons et le serment, juré par le régent, d'observer la constitution hiérosolymite. Voir à ce propos C. Schabel (éd.), *The Synodicum Nicosiense and Other Documents of the Latin Church of Cyprus (1196-1373)*, Nicosia, Cyprus Research Centre, 2001, p. 324-325.

2. Tout en reconnaissant que les preuves, à la suite d'I. T. Eschmann, concernant, par exemple, les différents traitements de la nature politique et sociale de l'homme entre, d'un côté, *La Royauté* et, de l'autre, les Commentaires de l'*Ethique* et de la *Politique* et la *Secunda Pars* de la *Somme théologique*, restent un argument de poids contre cette option.

pouvait véhiculer le titre de « Roi de Chypre », associé à la défense de la Terre Sainte et à la dynastie poitevine des Lusignan[1].

Plan du traité

Avant de proposer un plan commenté de l'ouvrage, abordons rapidement la question de la structure du traité. *La Royauté*, selon les manuscrits anciens, contient le plus souvent vingt chapitres répartis en deux livres. Sans compter le prologue, le livre I comprend les chapitres 1 à 12 et le livre II les huit chapitres restants. Au moment de la rédaction de la « continuation », Ptolémée de Lucques a remanié quelque peu ce matériel : il a fusionné les chapitres 11 et 12 du premier livre et fait commencer le livre II au chapitre originellement 4e du livre II. La première version est certainement mieux fondée, plus en phase avec l'organisation interne du traité que Thomas a proposée dans le prologue. Si le continuateur a modifié cette structure originale, c'est certainement pour des questions de proportions de la nouvelle œuvre en quatre livres[2].

La division en livres et chapitres donnée dans l'édition de référence en latin, réalisée par Dondaine pour la commission léonine, a conservé la structure des collections et renoncé à celle de la tradition des imprimés, que l'on

---

1. I. T. Eschmann, « Introduction », art. cit., p. XXXIII-XXXVIII, relève un certain nombre de caractéristiques présentes dans le texte du *De regno* et qui s'accordent bien avec la situation du Royaume des Lusignan à Chypre : l'opportunité de fonder des cités, les conditions climatiques de Nicosie et d'autres cités chypriotes, le rôle envahissant des marchands (avant tout vénitiens et génois) dans l'économie du Royaume, la grande beauté de l'île, son lien avec Aphrodite, la réputation de ses habitants comme luxurieux et grands amateurs de plaisirs, mais aussi la forme de royauté limitée telle qu'elle fonctionnait au cours du XIIIe siècle.

2. Voir à ce propos H.-F. Dondaine, « Préface », art. cit., p. 443.

retrouve par exemple dans l'édition de J. Perrier de 1949 [1] et qui propose l'intégralité du traité avec la « continuation » de Ptolémée de Lucques. Quant aux titres des chapitres, seuls les manuscrits de la tradition en quatre livres en présentent régulièrement ; ce sont ceux que nous retrouvons dans l'édition Perrier. Parmi les codex ne contenant que la partie thomasienne, une famille (nommée α par l'éditeur de la léonine) propose des titres, à peu près toujours les mêmes, que Dondaine suit, en corrigeant ou suppléant certaines défaillances [2]. Pour plus de clarté, voici une table de correspondance des chapitres numérotés différemment :

Édition léonine	Édition Perrier
I, 11 : Les supplices qu'endureront les tyrans	I, 11
I, 12 : Récapitulation de ce premier livre	
II, 1 : Quel est l'office du roi	I, 12
II, 2 : Ce qui incombe à l'office du roi dans la fondation d'une cité ou d'un royaume	I, 13
II, 3 : La raison du gouvernement doit être déduite du gouvernement divin	I, 14
II, 4 : Le roi doit rechercher la vie bonne de la multitude	I, 15
II, 5 : Il revient à l'office du roi de fonder la cité	II, 1
II, 6 : La cité doit avoir un air salubre	II, 2
II, 7 :La cité doit avoir de la nourriture en abondance	II, 3
II, 8 : Le lieu doit être agréable	II, 4

Dans le prologue, Thomas annonce qu'il veut écrire un livre sur la royauté (*regnum*) contenant deux parties : la première sur l'origine du gouvernement royal, la seconde sur l'office (*officium*) qui incombe au roi. Cela signifie que le plan du traité est binaire : un premier livre consacré à la théorie, puis un second dédié à la pratique du pouvoir royal étaient prévus par l'auteur.

1. Thomas d'Aquin, *De regimine principum*, éd. cit.
2. H.-F. Dondaine, « Préface », art. cit., p. 443.

Le sujet indiqué par les termes « origine de la royauté »
ne promet pas d'abord une investigation historique, mais
plutôt une réflexion sur les fondements du gouvernement
royal selon des principes rationnels. L'intention de Thomas
est de répondre à la question : Pourquoi est-il bénéfique
pour une multitude* (*multitudo*) donnée qu'un homme soit
au-dessus des autres et les gouverne en vue du bien
commun ? La dernière phrase du livre I – « Ce qu'est un
roi ; qu'il convient à la multitude d'avoir un roi ; qu'il vaut
mieux, pour un dirigeant, se présenter, à la multitude qui
lui est sujette, comme un roi plutôt que comme un tyran :
voilà tout ce que nous avons dit » (I, 12, § 2) – présente,
quant à elle, la structure tripartite de ce premier livre :
premièrement, on définit ce qu'est un roi ; deuxièmement,
on montre que la royauté est la forme de gouvernement
(*regimen*) la plus excellente pour une communauté politique ;
troisièmement, on met en garde contre les dangers de la
tyrannie.

Quant aux mots initiaux du livre II – « En conséquence
de ce que nous avons dit, il faut considérer à présent quelle
est l'office du roi et quel roi il doit être » (II, 1, § 1) –, ils
indiquent clairement que la seconde partie, pratique,
commence ici. Ce deuxième livre est, quant à lui, divisé
en deux sections : une première plus générale, qui compare
les gouvernements de Dieu, de l'âme et du roi, en en
définissant les deux tâches principales, à savoir fonder et
gouverner ; puis une seconde, interrompue, qui devait
préciser concrètement les manières de (bien) faire de ces
deux tâches.

Ceci nous conduit à proposer le plan suivant de
l'opuscule :

Prologue				
Livre I : La théorie du gouvernement royal				
	1	Définition du roi : celui qui, seul, dirige une cité ou un royaume, en vue du bien commun. Naturalité de la communauté politique, nécessité d'une direction, exigences et finalités du gouvernement politique, les différentes formes de gouvernement		chap. 1
	2	Royauté comme meilleure forme de gouvernement, car elle procure unité et paix, conduit à la justice, au bien commun et à la vertu		chap. 2-3
	3	Les dangers et les méfaits de la tyrannie		chap. 4-11
		a	Le gouvernement de plusieurs occasionne plus souvent la tyrannie et une tyrannie plus néfaste (discordes) que le gouvernement d'un seul	chap. 4-5
		b	Comportements de la communauté pour prévenir, supporter, contrôler et éradiquer la tyrannie	chap. 6
		c	La récompense du roi et la punition du tyran	chap. 7-11
Synthèse et conclusion				chap. 12
Livre II : La pratique du gouvernement royal				
	1	Comparaison entre l'office du roi et ceux de l'âme et de Dieu		chap. 1
		Définition des deux tâches principales du roi : fonder et gouverner		chap. 2
		a	Fondation du royaume	chap. 2
		b	Gouvernement du royaume en vue de ses fins prochaine et ultime	chap. 3-4
	2	Spécification des deux tâches du roi		chap. 5-...
		a	Fondation d'une cité : climat tempéré, air salubre, nourriture en abondance, lieu agréable	chap. 5-8

Premier livre : La théorie du gouvernement royal

Thomas d'Aquin affirme qu'il commencera par proposer une définition du terme « roi ». Ce sera l'objectif du premier (long) chapitre du traité, qui se termine par cette explication. Pour ce faire, l'auteur suit un raisonnement en plusieurs étapes, sous l'étendard du *topos* du navire dans la tempête qui doit être ramené au port et sous l'autorité spécifique d'Aristote : 1. L'homme, animal rationnel, possède une fin vers laquelle il doit tendre ; 2. L'homme est aussi un animal social et politique, qui vit en multitude par nécessité naturelle ; 3. Cette multitude possède de même une fin vers laquelle elle doit tendre ; 4. Dans la mesure où ce qui est propre et ce qui est commun n'est pas identique, il pourrait y avoir conflit d'intérêts entre la fin de l'individu et la fin de la multitude ; 5. La multitude a donc besoin d'un principe qui la dirige vers sa fin propre (le bien commun) ; 6. Il existe différentes formes de gouvernement, justes et injustes, selon qu'une personne, un petit nombre ou plusieurs incarnent ce principe directeur en vue du bien commun ou du bien propre du groupe dirigeant (présentation des six formes de gouvernement) ; 7. La communauté politique est d'autant plus parfaite qu'elle subviendra davantage aux nécessités de la vie, ce qui est le cas avec la cité et la province ; 8. Ainsi, le roi est celui qui dirige seul une cité ou une province et qui la dirige en vue du bien commun.

Les deux chapitres suivants sont consacrés à la démonstration du principe « qu'il est avantageux pour une multitude d'avoir un roi ». Ce faisant, l'auteur considère la royauté comme la meilleure des formes de gouvernement : il démontre l'utilité du *regimen unius*, par l'argument de la fin du gouvernement, identifiée à l'unité et à la paix, le confirme par des analogies tirées de la nature et par des exemples historiques anciens et contemporains (chap. 2). Il prouve ensuite, par les mêmes types d'arguments, que la tyrannie, le gouvernement injuste d'un seul qui recherche son propre bien plutôt que le bien commun (justice et vertu), est le pire (chap. 3).

Thomas énumère alors deux dangers qui conduisent les peuples à se méfier de la royauté, à cause de son apparente proximité avec la tyrannie, les deux formes appartenant au genre du *regimen unius* (chap. 4). Premièrement, on évite la royauté par crainte du tyran, et on met en place des gouvernements de plusieurs. Si cela peut, dans un premier temps, dynamiser la vie politique, cette forme de gouvernement conduit immanquablement à des dissensions et à une faiblesse stratégique ; ce qui amène les citoyens à demander un pouvoir unifié. Deuxièmement, alors qu'on désire un gouvernement royal, celui-ci se transforme en tyrannie. C'est l'itinéraire politique qu'ont connu, historiquement, les Romains et les Juifs. Les chapitres 5 et 6 répondent à ces deux menaces. Selon Thomas (chap. 5), l'expérience prouve que ce n'est pas le gouvernement d'un seul, mais les *regimina plurium* qui conduisent à la suppression du bien de la paix et à de plus grands dangers, et en particulier à la tyrannie. Il reste alors à craindre que la royauté ne devienne, elle aussi, une tyrannie (chap. 6). Le dominicain ne développe pas en détail sa position concernant la prévention de la tyrannie – choix d'un candidat à la royauté possédant une bonne nature ; régime tempéré et mode « politique » du gouvernement royal. Il discute cependant des oppositions possibles ou non au tyran et de l'option du tyrannicide, en

mettant au premier plan l'intérêt de la paix. Il énumère
ensuite trois voies que peuvent suivre les sujets, si le roi
est devenu tyrannique : 1. S'il s'agit d'une multitude qui
a le droit de se donner un roi, elle peut le déposer ; 2. Si
ce droit revient à quelque instance supérieure, c'est
l'intervention de celle-ci que les sujets peuvent solliciter ;
3. Si on ne trouve aucun secours humain contre le tyran,
il faut prier et, la tyrannie pouvant être une sanction méritée
des vices, se purger par la pénitence.

Au-delà du juste choix du souverain, des solutions
institutionnelles de modération du pouvoir et des
sanctions contre le tyran, l'auteur tente aussi de prévenir
la tyrannie en s'adressant au roi, pour lui présenter les
récompenses qu'il peut espérer, s'il respecte les exigences
de son office. Thomas propose ainsi, dans les chapitres
suivants, une sorte de pédagogie à l'attention du gouvernant,
tâche la plus traditionnelle d'un miroir des princes.
Après avoir montré les insuffisances de la récompense
terrestre de l'honneur et de la gloire (chap. 7), et présenté
la gloire éternelle – la possession de Dieu – comme la
juste récompense du roi (chap. 8), l'auteur affirme que le
souverain obtiendra le plus haut degré de la béatitude
céleste, en raison de ses responsabilités et de ses vertus
supérieures (chap. 9) et qu'il peut être stimulé non
seulement par la récompense du ciel, mais aussi par des
avantages temporels – amitié du peuple, stabilité du
gouvernement, richesse, renommée – (chap. 10).
Le dominicain termine ce premier livre par la description
inversée de la punition du tyran, qui subira tous les
maux, déjà en cette vie, et d'autant plus dans l'au-delà
(chap. 11).

Second livre :
   La pratique du gouvernement royal

Thomas propose, dans le second livre, le portrait du roi en action. En offrant un parallèle entre l'office de Dieu dans le monde, celui de l'âme dans le corps et celui du roi dans la communauté politique (chap. 1), l'auteur définit les deux grandes tâches du souverain : la fondation* (*institutio*) du royaume et son gouvernement (*gubernatio*). Si la fondation d'une cité ou d'un royaume est un office glorieux dont il expose rapidement les obligations (chap. 2), celui de gouverner consiste à diriger les sujets vers leur fin. En utilisant à nouveau la comparaison du gouvernement d'un navire, Thomas présente ici, en allant au-delà de la perspective aristotélicienne, la notion de fin extrinsèque – mener le navire au port – de l'homme en tant qu'il a une vie mortelle, à savoir la béatitude céleste. Or, la fin de la communauté est en dernier recours, selon Thomas, équivalente à la fin de chacun de ses membres. Comme l'homme possède une fin intermédiaire, qui est la vie selon la vertu, et une fin ultime, la béatitude, à laquelle la première est ordonnée, la fin de la communauté politique est d'abord la vie bonne et ultérieurement la vie éternelle en Dieu. Si la vie vertueuse était la fin ultime de l'être humain, la communauté politique serait la forme de vie la plus parfaite et il incomberait au roi de conduire les hommes à cette fin. Cependant, puisque la vie bonne ne constitue qu'un moyen pour l'accession à la béatitude céleste, et puisque la direction vers cette fin éminente est confiée au Christ et à son vicaire terrestre, le pape, le pouvoir temporel est subordonné au souverain pontife (chap. 3). Le discours est approfondi en clarifiant les préoccupations que le roi doit avoir et qui consistent à maintenir la paix dans la communauté, à la protéger des menaces extérieures, à instituer une législation juste qui favorise la vie vertueuse, objet et fin de l'ordre politique, mais qui doit aider à son obtention dans le but de la béatitude céleste. Or, ce qui s'accorde et s'oppose à la béatitude est exprimé dans la loi divine, que l'Église a mission d'enseigner. Instruit par l'Église, le roi peut alors connaître le vrai bien, vers lequel il doit conduire la communauté qui lui est soumise, en instituant, conservant et promouvant la vie bonne (chap. 4).

Puisqu'incombent au roi les deux principales tâches de fonder un royaume et de le gouverner, Thomas s'engage à le conseiller de manière précise et concrète sur les différents critères et mesures dont il devra tenir compte. Les chapitres 5 à 8 témoignent de ce projet[1] de « manuel du bon exercice de la royauté », commencé à propos de la fondation d'une cité, sous l'autorité, entre autres, d'Aristote, Vitruve et Végèce, et inachevé : il est avantageux pour la cité de choisir un lieu avec un climat tempéré, qui conditionne favorablement la constitution physique de l'homme et ses capacités à la vie politique (chap. 5) ; une atmosphère salubre et une eau de bonne qualité permettront des conditions optimales pour la santé des citoyens (chap. 6) ; le site de la future ville devra fournir une abondance de biens, soit par la fertilité du sol, soit par le commerce[2] (chap. 7), ainsi que des agréments à ses habitants, de manière modérée (chap. 8).

1. Projet qu'il a rapidement esquissé dans le chapitre 2 (§ 5) de ce deuxième livre, et qui aurait dû au moins contenir encore des chapitres sur la sécurité de la cité ou du royaume, sur la répartition géographique des différents éléments constituant la cité ou le royaume et sur l'attribution adéquate de ce qui revient à chaque citoyen.

2. Thomas propose, dans ce chapitre, une réflexion intéressante sur la valeur du commerce. Celui-ci, moins utile, moins vertueux, moins paisible et moins sûr que l'autosuffisance de la cité, ne doit pourtant pas être exclu – car il permet de combler les lacunes d'approvisionnement et d'exporter le surplus de production –, mais utilisé avec pondération.

LES PRINCIPALES THÈSES DE *LA ROYAUTÉ* ET LA PENSÉE POLITIQUE THOMASIENNE

Thomas d'Aquin présente une conception unitive et globale du fait politique : fondation du politique sur l'anthropologie, et même sur la métaphysique ; association, tout en les distinguant et les hiérarchisant, des ordres politique et moral ; articulation de l'ordre des fins politiques (naturelles) à celui des fins théologiques (surnaturelles) – et c'est cette vue totalisante, prenant en compte tous les aspects de l'être humain, qui fait l'originalité et la richesse de la réflexion thomasienne sur le sujet[1].

Pour être seconde par rapport aux conceptions générales de l'ordre communautaire, la question de la royauté, et donc des formes de gouvernement et de leur valeur propre, a souvent mobilisé les commentateurs médiévaux (et postérieurs ![2]). Cette interrogation trouve principalement son origine dans les textes aristotéliciens : non seulement la *Politique*, mais aussi l'*Éthique à Nicomaque* – disponible en latin au moins deux décennies plus tôt – qui propose en VIII, 10 (1160a31-b22) une version de la classification des régimes, en considérant la royauté comme le meilleur de ceux-ci et la tyrannie comme le pire. Ainsi que l'a montré P. Molnár[3], les tout premiers commentaires de

1. Pour une présentation éclairante de ces leçons thomasiennes sur la politique, lire l'article de F. Daguet, « Le politique chez Saint Thomas d'Aquin », art. cit., et surtout sa récente monographie *Du politique chez Thomas d'Aquin, op. cit.*

2. Voir par exemple à ce propos R. Imbach, « Démocratie ou monarchie ? La discussion sur le meilleur régime politique chez quelques interprètes français de Thomas d'Aquin (1893-1928) », dans *Saint Thomas au XXe siècle*, éd. S.-Th. Bonino, Paris, Saint-Paul, 1994, p. 335-350.

3. P. Molnár, « Saint Thomas d'Aquin et la pensée politique », art. cit., p. 71-78.

l'*Éthique*, à savoir celui d'origine byzantine que Robert
Grosseteste a traduit pour accompagner son interprétation
latine (v. 1246-1247[1]) et les deux commentaires d'Albert
le Grand – la *Lectura* que Thomas d'Aquin, alors élève
d'Albert, aurait reportée et rédigée en vue de la publication
v. 1250-1252, ainsi que l'*Ethica*, v. 1262-1265[2] –, ont
certainement influencé l'argumentation que Thomas
présente dans *La Royauté*. Ces commentaires ainsi que
celui de la *Politique* rédigé par Albert le Grand (v. 1265)[3]
utilisent, en effet, des raisonnements et des exemples
similaires pour aborder certains des thèmes principaux de
La Royauté : origine naturelle de la vie politique et en
particulier de sa forme royale, excellence de la royauté
pour maintenir l'unité et la paix et ainsi atteindre le bien
commun, hiérarchie des mauvaises formes de gouvernement
(tyrannie, oligarchie et démocratie).

Ceux qui se sont intéressés à la pensée politique de
Thomas d'Aquin ont souvent été frappés par la diversité
que semblent revêtir les thèses soutenues dans l'ensemble
de son œuvre, en particulier sur la question du meilleur
régime : exaltation de la royauté (*La Royauté* I, 1-2 ; *Somme
théologique* I, q. 103, a. 3) ; nécessité de tempérer le
gouvernement d'un seul (*La Royauté* I, 6) ; conseil des
sages ou aristocratie (*Somme contre les Gentils* III, 81),

1. Aspasius, *The Greek Commentaries on the Nicomachean Ethics
of Aristotle in the Latin Translation of Robert Grosseteste, Bishop of
Linclon* (†1253), vol. III : *The Anonymous Commentator on Book VII,
Aspasius on Book VIII, and Michael of Ephesus on Books IX and X*, éd.
H. P. F. Mercken, Leuven, Brill, 1991, p. 103-195.

2. Respectivement Albert le Grand, *Super Ethica. Commentum et
quaestiones*, dans *Alberti Magni Opera omnia...* éd. Institutum Alberti
Magni Coloniense, t. XIV, 1-2, éd. W. Kübel, Monasterii Westfalorum,
1968-1987 et Albert le Grand, *Ethica*, dans *Opera omnia....*, t. VII, éd.
A. Borgnet, Paris, Vivès, 1891.

3. Voir *supra*, p. 14, n. 1.

excellence du mélange des formes simples de gouvernement ou constitution mixte (Commentaire de la *Politique*, II, 7 ; *Somme théologique* I-II, q. 95, a. 4 ; I-II, q. 105, a. 1), souveraineté de la loi dans l'organisation politique (*Somme théologique* I-II, q. 105, a. 2)[1]. La question des tensions entre les différentes thèses politiques de Thomas a d'ailleurs été relancée par Molnár en 2002, qui tente de répondre aux argumentations « concordistes » de Tierney, Riklin et Blythe[2]. Une des solutions données à cette apparente discordance doctrinale consiste à mettre en évidence, du

1. Ce qui a amené les historiens de la pensée politique à catégoriser Thomas fort diversement : défenseur de la monarchie absolue (C. H. Mc Ilwain, *Growth of Political Thought in the West*, New York, The Macmillan Company, 1932, p. 329-333 ; J. Dunbabin, « Aristotle in the Schools », dans *Trends in Medieval Political Thought*, éd. B. Smalley, Oxford – New York, Barnes & Nobles, 1965, p. 72 ; L. Genicot, « Le *De regno* : spéculation ou réalisme ? », art. cit., p. 12 ; M. Grandclaude, « Les particularités du *De regimine principum* de saint Thomas », art. cit., p. 665), de la monarchie limitée (G. B. Phelan, « Preface », dans Thomas d'Aquin, *On the Government of Rulers*, London, Sheed and Ward Publishers, 1943, p. 3-26), du républicanisme (G. Bowe, *The Origin of Political Authority*, Dublin, Clonmore, 1955), de la constitution mixte (M. Demongeot, *Le meilleur régime politique selon Thomas d'Aquin*, Paris, Blot, 1929 ; B. Tierney, « Aristotle, Aquinas and the Ideal Constitution », *Proceedings of the Patristic, Mediaeval, and Renaissance Conference* 4 (1979), p. 1-11 ; J. M. Blythe, *Le gouvernement idéal et la constitution mixte*, trad. J. Ménard, Fribourg – Paris, Academic Press – Cerf, 2005 (éd. angl., 1992), p. 69-97), ou du relativisme politique (T. Gilby, *Principality and Polity : Aquinas and the Rise of State Theory in the West*, London, Longmans, 1958, p. 251 ; G. H. Sabine, *A History of Political Thought*, New York, Holt Rinehart & Winston, 1961, p. 274).

2. P. Molnár, « Saint Thomas d'Aquin et la pensée politique », art. cit., p. 85-112 ; B. Tierney, « Aristotle, Aquinas, and the Ideal Constitution », art. cit. ; A. Riklin, « Die beste politische Ordnung nach Thomas von Aquin », dans *Politik und christliche Verantwortung. Festschrift für Franz-Martin Schmölz*, éd. G. Putz, H. Dachs, F. Horner, F. Reisinger, Innsbruck – Wien, 1992, p. 67-90 ; J. M. Blythe, *Le gouvernement idéal et la constitution mixte au Moyen Âge*, op. cit., p. 69-97.

moins pour notre traité, son caractère circonstancié, ancré dans une situation géopolitique spécifique : s'adressant au roi de Chypre, Thomas tient la royauté comme un fait établi, à partir duquel il réfléchit à l'exercice d'un gouvernement juste, dans les conditions spécifiques de ce royaume [1]. D'autres chercheurs [2] ont cependant affirmé qu'on ne peut s'attendre à trouver, dans les options politiques de Thomas d'Aquin, des traces de son parcours historique [3]. Son approche, essentiellement théorique, privilégierait l'influence de la philosophie et de la théologie, ses conceptions du gouvernement étant issues de déductions tirées de prémisses métaphysiques.

En présentant les trois thèses que nous considérons comme centrales de *La Royauté* – le caractère naturel pour l'homme de la vie en communauté et celui de la communauté politique, la royauté comme meilleure forme de gouvernement ainsi que le rapport entre pouvoir temporel

1. *Cf.* par exemple M. Martin-Cottier, « Préface », art. cit., p. 5.

2. En particulier A. P. D'Entrèves, « Introduction », dans Thomas d'Aquin, *Selected Political Writings*, Oxford, Basil Blackwell, 1948, p. VI-VIII.

3. Certains historiens ont toutefois mis en évidence des aspects de l'expérience de Thomas qui auraient pu le mener à certaines positions politiques : son origine familiale (une petite noblesse du Sud de l'Italie, agacée par les restrictions imposées par l'empereur Frédéric II et plutôt proche de Charles d'Anjou), son appartenance à l'Ordre dominicain (qui possédait une constitution mixte), ses divers séjours dans la France de saint Louis (dont le pouvoir était limité par la noblesse, et qui était en voie de développer des institutions représentatives et limitatives, telles que les parlements et les états généraux), ses voyages en Italie du Nord (où il a été témoin du fonctionnement des cités-républiques). Voir entre autres M. Demongeot, *Le meilleur régime selon Thomas d'Aquin, op. cit.,* p. 205 ; J. Catto, « Ideas and Experience in the Political Thought of Aquinas », *Past and Present* 71 (1976), p. 15-20 ; J. M. Blythe, *Le gouvernement idéal et la constitution mixte, op. cit.,* p. 73 ; J.-P. Torrell, *Initiation à Saint Thomas d'Aquin, op. cit.,* p. 18-19.

et spirituel –, nous discuterons ces différentes options interprétatives[1].

Le caractère naturel, pour l'homme, de la vie en communauté et celui de la communauté politique (chapitre I, 1)

Afin de démontrer que la multitude des hommes a besoin de quelqu'un qui la dirige pour qu'elle atteigne sa fin, Thomas d'Aquin affirme tout d'abord que les êtres humains, en suivant leur nature (physiologique et rationnelle), s'associent et s'organisent politiquement et que la communauté politique est donc naturelle[2].

Le caractère naturel[3] de la communauté politique et de la vie en communauté, pour l'homme, déjà soutenu par Aristote dans le premier livre de la *Politique*[4], est relayé avec force par Thomas d'Aquin – sans contradiction entre ses différents ouvrages, mais avec quelques nuances[5] –,

1. Parmi les meilleures présentations de ce traité, figure celle de J. Miethke, « Der erste Entwurf einer aristotelischen Theorie : Thomas von Aquin, *De regno* », art. cit., dont nous nous sommes inspirée.
2. Remarquons, à la suite de F. Daguet, *Du politique chez Thomas d'Aquin, op. cit.*, p. 15, « le double regard » à porter sur la question politique : « d'une part, sur l'homme dans sa dimension communautaire, et, d'autre part, sur la communauté politique, en elle-même et dans son rapport avec chacun de ceux qui la composent. La science politique bien comprise est à la fois une anthropologie politique et une politologie ». Voir à ce propos le chapitre III : Principes d'anthropologie et de politologie, p. 99-126.
3. Comme l'explique M. Senellart, *Les arts de gouverner, op. cit.*, p. 163 : « *Natura*, selon Thomas, vient de *nasci*, naître. La nature est une propriété des êtres vivants, qui croissent, changent et tendent d'eux-mêmes vers leur forme achevée. Principe interne de mouvement […], elle doit être prise au sens dynamique. C'est pourquoi connaître la nature d'une chose consiste à expliquer son processus de formation ».
4. Aristote, *Les Politiques* I, 2, 1252b28-1253a39.
5. Voir la note 2 à la traduction I, 1, § 2, p. 83-85.

et vient interroger une conception théologique associée à Augustin[1] bien ancrée à cette époque, qui voit les institutions politiques comme des remèdes pour une humanité corrompue et pécheresse. Le dominicain les considère, quant à lui, comme des instruments qui permettent de répondre aux besoins fondamentaux de la nature de l'homme, tant d'un point de vue physique que spirituel.

Pour Thomas, l'homme est tout d'abord naturellement un animal social et politique (*animal sociale et politicum*) qui doit vivre en multitude, parce qu'il est dépendant du concours des autres pour satisfaire les besoins nécessaires à sa survie et à sa vie. En effet, contrairement aux autres animaux, l'homme ne trouve pas naturellement sa nourriture et ne possède pas les défenses naturelles pour lutter contre les agressions extérieures, mais il doit les fabriquer grâce à sa raison, et il ne peut, par lui seul, sans l'aide de ses congénères, produire tout ce dont il a besoin (I, 1, § 2). De plus, il ne possède pas comme les autres animaux une aptitude instinctive à discerner ce qui lui est utile ou nuisible, mais seulement, par sa raison, une connaissance générale des choses qui sont nécessaires à sa vie ; or, une

---

1. Ph. Vallin, « Saint Thomas d'Aquin et la politique : Pourquoi l'homme est-il un animal politique ? L'épreuve eschatologique de la cité, entre émulation et tentation », *Revue thomiste. Saint Thomas et la politique* 114, 1 (2014), p. 60, cite à ce sujet les propos clairs de M. Kehl, *« Et Dieu vit que cela était bon ». Une théologie de la création*, Paris, Cerf, 2008, p. 411 : « Ce n'est pas le pouvoir en lui-même qui provient du péché, mais son usage contraire à la vie en commun. Thomas soustrait donc le domaine politique à une interprétation référée au péché originel ». Il ajoute, p. 61 : « la personne humaine, au sens plénier, se reconnaît pour être l'origine intrinsèque et la cause transitive des actes de responsabilité qui tissent la communion citoyenne ». Voir aussi à ce propos D. Carron, « Le pouvoir politique avant et après le péché originel chez Ptolémée de Lucques », dans *Adam, La nature humaine, avant et après. Epistémologie de la chute*, éd. I. Rosier-Catach, G. Briguglia, Paris, Presses de la Sorbonne, 2016, p. 233-238.

raison individuelle ne peut atteindre la connaissance de toutes ces choses singulières, elle a donc besoin de se spécialiser et de recevoir l'aide des autres dans les domaines où elle n'est pas spécialiste. Ainsi, à l'opposé des autres animaux qui possèdent instinctivement les armes pour survivre et vivre, les hommes doivent les atteindre au moyen de leur raison, en s'aidant mutuellement (§ 3). Enfin, ce deuxième aspect est renforcé par le fait que le propre de l'homme est l'usage de la parole (*locutio*), qui permet d'exprimer totalement ce que l'on pense (§ 4)[1] – et qui de fait ouvre à la dimension non seulement sociale, mais aussi politique. Comme l'homme se spécialise dans son activité, il a besoin de transmettre son savoir aux autres par le langage, alors que les animaux n'informent leurs congénères que de leurs passions. Cette division du travail qui entraîne des distinctions de groupes (de parties de la société, pourrait-on dire) exige que l'homme puisse communiquer aux autres ce qu'il pense, ce qu'il sait, action nécessaire à la survie de chacun et de tous. Relevons que c'est à la suite d'Avicenne, plus encore que d'Aristote, que Thomas insiste ici avant tout sur les caractéristiques de transmission par le langage d'un savoir(-faire) à ses congénères, et moins sur le partage et la discussion à propos de valeurs[2]. Quoi qu'il en soit, l'homme, être vivant le

1. M. Senellart, *Les arts de gouverner, op. cit.*, p. 164 et 167, relève que cet argument est « radicalement neuf du point de vue de l'économie discursive chrétienne. [Il révèle] une transformation profonde de l'économie de la parole, qui la destitue de son seul usage médiateur, entre terre et ciel, pour l'ouvrir, au sein du monde humain, à sa dimension communicative ».

2. Notons que, dans les commentaires de l'*Éthique* (*Sententia libri Ethicorum* I, 1, éd. cit., p. 4) et de la *Politique* (*Sententia libri Politicorum* I, 1, éd. cit., p. A78-79), Thomas, fidèle au texte aristotélicien, présente plus clairement la dimension éthico-politique du langage, moins présente dans *La Royauté*. C'est en effet ce que spécifie Aristote, lorsqu'il affirme

plus apte à communiquer, réalise, grâce à sa parole, sa véritable nature sociale : l'inclination naturelle humaine, caractérisée et prolongée par les exigences de la raison, fait la communauté sociale et politique.

Cette communauté politique est ainsi naturelle à l'homme. Ce qui évacue trois autres options : la multitude est un simple fait de nature, échappant à l'ordre moral ; elle est une convention arbitraire, étrangère aux nécessités de la nature ; elle est un remède uniquement nécessaire à la nature déchue de l'humanité. Cependant, Thomas n'a pas encore clairement distingué la communauté politique des autres communautés naturelles aristotéliciennes. Les diverses sociétés* collectives ou multitudes (*societas multorum* ou *multitudo*) sont ici rapportées à la diversité des besoins humains : la famille ou la maison (*domus*) a pour fonction de pourvoir à la nourriture et à la reproduction, le village ou quartier (*vicus*) à un art particulier[1], la cité

que l'homme, animal rationnel et parlant, est fait pour mettre sa parole en commun, cet acte signifiant partager non seulement, comme par les cris des animaux, des passions, mais surtout des valeurs que lui seul peut percevoir (le juste, l'injuste, le bien, le mal). Ce partage de valeurs permet à l'homme de former une cité dont la fin est le bien vivre, la vie vertueuse. Voir à ce propos I. Rosier-Catach, « Civilitas », dans *Mots médiévaux offerts à Ruedi Imbach*, éd. I. Atucha, D. Calma, C. König-Pralong, I. Zavattero, Porto, Fidem, 2011, p. 167-168 et M. M. Keys, *Aquinas, Aristotle, and the Promised of the Common Good*, Cambridge, Cambridge University Press, 2006, p. 78-81. F. Daguet, *Du politique chez Thomas d'Aquin, op. cit.*, p. 93-97, en part. p. 94, relève que « lorsque la vie de la cité voudra être saisie au strict niveau naturel, distingué de l'ordre chrétien, on sera porté à ne retenir comme bien commun naturel que le bien fondamental. Cela revient alors, en quelque sorte, à résorber le bien commun naturel au niveau du vivre [plutôt que du bien vivre (selon lavertu)] ».

1. Thomas reproduit ici la structure sociale de la cité médiévale (en particulier celle des communes italiennes), où les métiers (les arts) se

(*civitas*), communauté parfaite, à tout ce qui est nécessaire à la vie. Le dominicain y adjoint la province (*provincia*) ou royaume (*regnum*)[1] qui ajoute à la cité la défense contre l'ennemi. Ainsi seuls la cité et le royaume peuvent être qualifiés de « politiques », à cause de leur autonomie, de leur autarcie. Puisque chaque multitude requiert un principe directeur, chacune possède un gouvernant particulier, du père de famille au roi (§ 10).

En effet, s'associer est un processus naturel indispensable à la survie des individus ; mais s'associer ne signifie pas encore être unis. Une communauté politique n'est pas qu'un simple agrégat, mais une totalité unifiée de l'intérieur, ordonnée en vue d'une fin (*finis*)[2]. C'est ainsi que se dessine la figure d'un recteur unificateur qui coordonne et guide la communauté vers cette fin, de même que la vertu directrice d'un corps empêche celui-ci de se désagréger (§ 5). Ce qui est propre et ce qui est commun n'étant pas identiques, il faut donc quelque chose qui meuve le tout vers la fin commune (§ 6). Or, la direction de la communauté politique est juste lorsqu'elle la conduit vers la fin qui lui convient (§ 7). Le gouvernant, responsable de diriger les actions des citoyens en vue du bien de la communauté, peut être vu comme l'« *agent* d'une cohésion »[3], le « catalyseur » du processus permettant à l'homme libre de se réaliser comme cause de lui-même (*causa sui*), ainsi que le définit

répartissent par quartier. Ainsi, le village (au sens rural du terme) n'entre pas dans le schéma urbain de Thomas.

1. M. Senellart, *Les arts de gouverner*, *op. cit.*, p. 168, relève qu'« écrire que le royaume forme une *société parfaite* revient donc, de la part de Thomas, à l'autonomiser par rapport à l'Empire ».

2. Voir à ce propos Y. Cattin, *L'anthropologie politique de Thomas d'Aquin*, Paris, L'Harmattan, 2001, p. 130-132.

3. M. Senellart, *Les arts de gouverner*, *op. cit.*, p. 165.

Thomas, à la suite d'Aristote[1]. Ainsi, la sujétion politique
(au contraire de la sujétion servile), qui se met en place
chez des hommes libres et qui sert à atteindre le bien
commun (*bonum comune*), n'est pas une conséquence du
péché originel pour Thomas, mais elle est fondée dans la
nature même de l'être humain[2]. L'homme doit donc
structurer et hiérarchiser sa communauté, y inclure l'autorité,
le commandement et la direction des plus sages sur les
moins sages, en vue d'ordonner le bien de chacun des
membres à celui de toute la communauté[3]. Cette doctrine

1. Thomas d'Aquin, *La Royauté* I, 1, § 7, p. 91 : « L'homme libre,
en effet, est celui qui est cause de lui-même ». *Cf.* Aristote, *Métaphysique* I,
982b 25-28, trad. J. Tricot, Paris, Vrin, 1932, rééd. 2003. Voir à ce propos
H. H. Bleakley, « The Art of Ruling in Aquinas' *De regimine principum* »,
History of Political Thought 20 (1999), p. 602.

2. L'affirmation du bien commun comme objet et fin de la vie politique
n'en élimine pas le conflit et la violence, mais elle interdit de les penser
comme en exprimant l'essence. Voir à ce propos Y. Cattin, *L'anthropologie
politique de Thomas d'Aquin, op. cit.*, p. 145-147.

3. Il faut voir ici trois étapes de réflexion : 1. Bien propre et bien
commun ne se confondent pas ; leur distinction est essentielle, comme
celle entre le particulier et l'universel. 2. Cependant, bien propre et bien
commun sont solidaires et ordonnés. 3. La raison humaine n'est toutefois
pas naturellement outillée pour le bon accomplissement de cette mise en
ordre ; elle a besoin d'acquérir une habitude vertueuse, qui a nom de
prudence. En effet, si la communauté politique est pour l'homme une
réalité naturelle (ce qui signifie qu'il ne s'accomplit réellement qu'en
s'y intégrant), elle n'est pas pour autant une réalité immédiate et l'homme
doit être conduit, dirigé, pour harmoniser son bien propre au bien commun.
Voir à ce propos, par exemple, Thomas d'Aquin, *Somme théologique* I-II,
q. 96, a. 2 et 4 ou II-II, q. 47, a. 10, ad 2. Pour une présentation de la
dialectique entre bien commun et bien particulier chez Thomas, voir
L. Lachance, *L'humanisme politique de saint Thomas d'Aquin. Individu
et État, op. cit.*, p. 415-429 et surtout les éclairantes études de M. Kempshall,
The Common Good in Late Medieval Political Thought, Oxford, Clarendon
Press, 1999, chap. 3-4, p. 76-129 et de F. Daguet, *Du politique chez
Thomas d'Aquin, op. cit.*, chap. II-III, p. 51-126 et « Le bien commun

aristotélico-thomasienne, en insistant sur la nature sociale et politique de l'homme, conduit ainsi à voir la vie en communauté politique comme une actualisation de la nature (ou de l'essence) de l'homme et à affirmer l'intégration bienfaisante de la vie individuelle dans la vie politique.

La meilleure forme de gouvernement, la royauté, et son opposé, la tyrannie (chap. I, 1-6 ; II, 1)

Thomas pose alors la question de la meilleure forme de gouvernement, interrogation issue de la lecture d'Aristote et qui est promise à « une étonnante postérité »[1], et répond qu'il s'agit de la royauté. Mais peut-être faut-il commencer par préciser la signification des termes de cette thèse. Des formes de gouvernement (régimes ou constitutions, dirions-nous aujourd'hui), selon Aristote – que Thomas suit sur ce point (I, 1, § 8) –, il en existe six, présentées au chapitre 7 du troisième livre de la *Politique* (1279a) et au livre VIII, chapitre 12 de *l'Éthique à Nicomaque* (1160a31-b22). Celles-ci s'organisent selon deux critères, à savoir le nombre des dirigeants (un seul, un petit nombre, le grand nombre) et la fin vers laquelle tend le gouvernement des dirigeants (le bien commun ou leur bien propre) : d'où l'on déduit respectivement la royauté, l'aristocratie et la constitution politique (*politia*) ou timocratie ; la tyrannie, l'oligarchie et la démocratie. Quant à la notion de « meilleur », elle peut être utilisée en au moins deux sens,

dans la théologie politique de saint Thomas d'Aquin », *Saint Thomas et la politique* 114, 1 (2014), p. 95-127.
1. Sur cette question, voir avant tout F. Daguet, *Du politique chez Thomas d'Aquin, op. cit.*, chap. VII : Le meilleur régime, p. 267-301, en part. p. 268 ainsi que p. 299-300.

qui se retrouvent dans l'œuvre de Thomas d'Aquin : ce
qui est absolument et idéalement meilleur, ce qui est
meilleur pour certaines personnes et en certaines
circonstances[1].

Or, il est indubitable que l'auteur considère la royauté
comme la meilleure forme de gouvernement simple,
absolument et idéalement, ce qu'il a aussi démontré dans
des œuvres antérieures et contemporaines[2] et qu'il prouve
de manière particulièrement développée dans *La Royauté*,
se fondant plus, comme nous l'avons annoncé, sur le
courant de réflexion politique issu de la lecture de l'*Éthique*,
à la suite de Robert Grosseteste et d'Albert le Grand, que
sur celui découlant des commentaires de la *Politique*[3].
Après avoir défini le roi, à la fin du premier chapitre,
comme étant « celui qui dirige seul la multitude d'une cité
ou d'une province en vue du bien commun » (I, 1, § 11)[4],

1. Cette option, qui nous semble celle que Thomas, en fin de compte,
privilégie, est plus « aristotélicienne », ainsi que le Stagirite l'exprime
par exemple en *Politique* III, 17 et VII, 7.

2. Voir par exemple *Scriptum super libros Sententiarum* IV, dist. 24,
a. 2, q. 1, arg. 3 ; *Somme contre les Gentils* I, 42 ; IV, 76 ; *Somme
théologique* I, q. 103, a. 3 ; II-II, q. 50, a. 1, ad 2.

3. Voir à ce propos P. Molnár, « Saint Thomas d'Aquin et la pensée
politique », art. cit., p. 71-78. Les Commentaires de la *Politique* existant
au moment de la rédaction de *La Royauté* sont celui d'Albert le Grand,
rédigé vers 1264 (*Politicorum libri VIII*) et celui de Thomas écrit vers
1271 (*Sententia libri Politicorum*), si l'on opte pour la datation tardive
du traité. À propos de la question du *regnum* comme meilleure forme de
gouvernement dans la tradition médiévale et de son influence sur les
traités « De potestate papae », voir R. Lambertini, « La monarchia prima
della *Monarchia* : le ragioni del *regnum* nella ricezione medioevale di
Aristotele », dans *Pour Dante. Travaux du Centre d'Études Supérieures
de la Renaissance autour de Dante (1993-1998)*, éd B. Pinchard,
Ch. Trottmann, Paris, Champion 2001, p. 39-75.

4. Le premier chapitre aboutit à une définition du roi suivant les
quatre causes : le roi est l'individu (cause efficiente) qui dirige (cause

Thomas, dans les chapitres I, 2 et II, 1, présente trois types d'arguments en faveur de la royauté : 1. selon la finalité ; 2. en imitation de la nature ; 3. selon l'expérience historique.

1. Dans la plus pure tradition aristotélicienne, Thomas commence son argumentation par la considération de la finalité : pour connaître la meilleure forme de gouvernement, il faut définir la fin (*finis*) de tout gouvernement, puis identifier laquelle, parmi les formes existantes, possède les meilleures propriétés pour atteindre cette fin. Le dominicain en précise alors le sens : le terme de passage pour cette opération sémantique est celui de salut (*salus*) de la communauté, que Thomas définit comme étant, cette fois en termes augustiniens, l'unité de la paix (*unitas pacis*). Or, la forme de gouvernement qui conduit le plus efficacement à cette fin, qui est donc la plus utile (*utilis*), est le *regimen unius*, car ce qui est un en soi est plus apte à réaliser l'unité que ce qui est pluriel, même si ces « plusieurs » arrivent à une certaine concorde et s'approchent de l'unité. L'unité de la multitude se réalise ainsi par le gouvernement exercé par un seul. C'est donc la monarchie – sans distinction encore explicite entre les régimes juste et injuste [1] – qui, selon des considérations dynamiques (quelle est la force la plus efficace pour réaliser l'unité du multiple ?), est l'espèce de gouvernement idéal.

formelle) la multitude d'une cité ou d'une province (cause matérielle) en vue du bien commun (cause finale).

1. Thomas d'Aquin distingue en effet assez clairement dans ce traité les termes « monarque/monarchie » de « roi/royauté », les premiers signifiant généralement tout gouvernement par un seul (qu'il soit droit ou dévié, c'est-à-dire qu'on ait affaire à un roi ou à un tyran). Voir par exemple I, 4, § 1, p. 119 : « Parce que le meilleur et le pire gouvernement coexistent dans la monarchie, qui est l'exercice du pouvoir par un seul ». Il affirme d'ailleurs la même chose dans son commentaire de l'*Ethique* (*Sententia libri Ethicorum* VIII, 10, éd. cit., p. 477), à la suite d'Aristote (*Ethique à Nicomaque* VIII, 12, 1160b1).

2. À ces considérations succède une série d'arguments tirés du modèle de la nature. Si, dans ce traité, Thomas affirme simplement qu'il faut prendre en exemple la nature, car ce qui est selon la nature est le meilleur, il justifie cette injonction de manière plus élaborée dans son Prologue au Commentaire de la *Politique*, peut-être contemporain de *La Royauté*[1]. L'argumentation se fonde sur un adage célèbre d'Aristote, « *ars imitatur naturam* / l'art imite la nature ». S'il faut entendre par « nature » tout ce qui existe indépendamment de l'homme, il faut, en revanche, comprendre par « art » toute opération humaine qui obéit à certaines règles prescrites par la raison. Cette sentence affirme une priorité de la nature par rapport à l'activité de l'homme et une exemplarité de la nature pour l'agir humain. En effet, comme l'explique Thomas, l'art imite la nature, parce que l'intellect humain, principe de l'art, dérive de l'intellect divin, lui-même principe de la nature. L'agir humain dans sa perfection est celui qui suit les prescriptions de l'intellect, donc celui qui imite la nature. Ainsi, de même que *le* cœur meut les membres du corps et *la* raison commande l'âme, de même que les abeilles sont gouvernées par *une* reine et l'univers par *un* Dieu, comme l'illustre le fameux principe néoplatonicien[2] de la *reductio ad unum* – la formule thomasienne est devenue célèbre : « *omnis multitudo derivatur ab uno* / toute multitude dérive de

1. Thomas d'Aquin, *Sententia libri Politicorum*, éd. cit., p. A69a.
2. Parmi les possibles influences de Thomas pour cette conception néoplatonicienne de l'émanation ou de la procession, on peut citer le Pseudo Denys (*Les Noms divins*) et Proclus (*Éléments de théologie*) – voir la note de la traduction à ce passage, p. 103 –, auteurs qu'il a sur sa table lorsqu'il commente le *Livre des Causes*, durant les années 1271-1272, comme l'a bien montré H. D. Saffrey, l'éditeur du Commentaire, dans son « Introduction », dans *Super Librum de Causis Expositio*, Paris, Vrin, 2002, p. xxxvi.

l'un » (I, 2, § 4) –, la multitude est au mieux dirigée par *un* seul.

Dans le premier chapitre du livre II – où il est dorénavant clairement question de l'office du roi et non plus uniquement de celui du monarque –, le principe de l'imitation de la nature est exprimé de manière plus explicite : « ce qui est selon l'art imite ce qui est selon la nature – que nous devons suivre pour agir raisonnablement » (§ 2). S'y ajoute un concept efficace, d'origine néoplatonicienne et stoïcienne[1], celui de microcosme (*minor mundus*) que Thomas associe au gouvernement particulier des hommes, analogue au gouvernement de l'univers (macrocosme). S'il envisage en premier lieu la raison comme dirigeant le monde particulier ou le microcosme qu'est l'humain – à savoir les membres du corps et les autres puissances de l'âme –, le dominicain rappelle que, puisque l'homme est un animal non seulement rationnel mais aussi social, la ressemblance avec le gouvernement universel et divin se retrouve aussi dans le fait que « la multitude est dirigée par la raison d'un seul homme » (§ 3). Cette double analogie[2] – roi/raison/ Dieu – royaume/corps/univers – associée aux notions d'office (ou de devoir, *officium*), d'origine cicéronienne,

---

1. Concept transmis en particulier au Moyen Âge par Macrobe, *Commentaire au Songe de Scipion* II, 2, et relayé entre autres, par Jean de Salisbury, *Policraticus* IV, 1.

2. Relevons que la métaphore du corps politique est très présente dans la tradition médiévale, comme l'ont étudié T. Struve, *Die Entwicklung der organologischen Staatsauffassung im Mittelalter*, Stuttgart, Anton Hiersemann, 1978 ; R. Lambertini, « Il cuore e l'anima della città. Osservazioni a margine sull'uso di metafore organicistiche in testi politici bassomedievali », dans *Anima e corpo nella cultura medievale*, éd. C. Casagrande, S. Vecchio, Firenze, Edizioni del Galluzzo, 1999, p. 289-303, ou encore G. Briguglia, *Il corpo vivente dello Stato. Una metafora politica*, Milano, Mondadori, 2006.

et d'ordre (*ordo*), d'origine augustinienne, engage une réflexion sur la charge du gouvernant, ancrée dans une vision générale de la communauté politique, à la suite peut-être des livres V et VI du *Policraticus* de Jean de Salisbury (*Institutio Trajani*)[1]. Celle-là implique, respectivement, que le roi soit clément en considérant ses sujets comme ses propres membres, et juste en comprenant qu'il est placé à cet office pour exercer le jugement de Dieu : le corps de la communauté politique est ici clairement associé au corps du roi[2]. Ainsi, le roi doit prendre comme modèle pour son gouvernement celui naturel et particulier de la raison sur le corps et surtout celui naturel et universel de Dieu sur toutes choses : il doit être seul à diriger. En ceci, l'office politique semble, plus que toute autre opération, être une *imitatio Dei*[3].

3. Si, jusqu'ici, la meilleure forme de gouvernement a été déterminée en accord avec les principes onto-théologiques, selon une argumentation de type déductif, la leçon de l'expérience n'est pas négligée par Thomas.

---

1. Jean de Salisbury, *Policraticus* V, 2, 6-11 et VI, 1, 20-29, éd. C. C. J. Webb, London – Oxford, Clarendon Press, 2 vol., 1909, réimpression anastatique Francfort, Minerva, 1965, vol. 1, p. 539-541, 548-569 et vol. 2, p. 2-8, 58-87. Il est possible que Thomas d'Aquin ait eu connaissance du *Policraticus*. Voir à ce propos E. Kantorowicz, *Les deux corps du roi. Essai sur la théologie politique au Moyen Âge*, trad. J.-P. Genet et N. Genet, Paris, Gallimard, 1989, qui montre bien la superposition du modèle organiciste et de la théorie du corps mystique de l'Église. Voir aussi F. Lachaud, *L'éthique du pouvoir au Moyen Âge. L'office dans la culture politique (Angleterre, vers 1150-vers 1330)*, Paris, Garnier, 2010, p. 177-216.

2. Voir à ce propos E. Kantorowicz, *Les deux corps du roi. Essai sur la théologie politique au Moyen Âge*, op. cit., p. 145-199.

3. Voir à ce propos D. Sureau, « Avant-propos », dans Thomas d'Aquin, *Petite somme politique. Anthologie de textes politiques*, Paris, Téqui, 1997, p. 23.

Ceci est peut-être dû au genre spécifique de cet écrit, dédié à un roi[1]. Le témoignage de la vie politique contemporaine et/ou passée montre que les pays et les villes sous le contrôle d'un seul jouissent de la paix, de la justice et de l'abondance, alors que, sous des *regimina plurium*, ils sont en proie aux conflits. On ne peut s'empêcher de penser, d'un côté, à la France de Louis IX et, de l'autre, aux cités-républiques du *Regnum Italicum*, ainsi que, dans une certaine mesure, à la situation des royaumes de Chypre et de Jérusalem[2].

Or, ce *regimen unius*, s'il est la meilleure forme de gouvernement lorsqu'il est juste (royauté)[3], est le pire lorsqu'il est dévié (tyrannie). Thomas présente, dans le chapitre I, 3, cette deuxième phase de la démonstration, à nouveau au moyen de trois types d'arguments : 1. rationnels, sous forme de (quasi) syllogismes ; 2. en imitation de la nature ; 3. selon l'expérience historique.

1. Thomas propose tout d'abord trois (quasi) syllogismes, dont la majeure exprime un principe ou une thèse précédemment démontrée, et qui mettent à profit les comparaisons entre les six formes de gouvernement.

La tyrannie, en tant que forme de gouvernement, s'oppose à la royauté (tout comme l'oligarchie s'oppose à l'aristocratie et la constitution politique à la démocratie) ;

1. Cette utilisation de l'expérience historique est en tout cas une marque spécifique de ce traité, que l'on retrouve en plusieurs endroits, en particulier dans les chap. I, 7-11 et II, 5-8.

2. Voir *supra*, p. 26-27.

3. On peut relever une certaine rupture dans l'argumentation des chapitres 2-3. En effet, si, dans le chapitre 2, il n'était question que de la préférence pour le gouvernement d'un seul (monarque) par rapport au gouvernement de plusieurs, le terme « roi » apparaît brusquement dans l'argument selon l'expérience historique, en fin de chapitre 2. Au début du chapitre 3, Thomas semble alors partir de l'idée que le chapitre 2 a démontré que la royauté était la meilleure forme de gouvernement. Bien sûr, la déduction est évidente, mais elle n'est pas explicite.

or, la royauté est la meilleure forme; et comme le meilleur s'oppose au pire, la tyrannie sera donc la pire forme.

Une force unie est plus efficace pour conduire à un effet qu'une force divisée; ainsi une force opérant en vue du bien, respectivement du mal, est plus utile, respectivement plus nuisible, si elle est une que si elle est divisée. Or, le tyran « opère en vue du mal de la multitude, en détournant le bien commun de la multitude vers son seul bien propre » (§ 2), alors que le roi opère en vue du bien commun. La royauté, en tant que forme la plus unie, est donc la plus utile (plus utile que l'aristocratie, elle-même plus utile que la constitution politique) et la tyrannie, en tant que forme la plus unie, est la forme la plus nuisible (plus nuisible que l'oligarchie, elle-même plus nuisible que la démocratie).

Un gouvernement est injuste lorsque son dirigeant méprise le bien commun au profit de son bien personnel; ainsi plus un gouvernement s'éloigne du bien commun, plus il est injuste. Or, la tyrannie est le gouvernement qui s'éloigne le plus du bien commun (l'oligarchie en recherchant le bien de quelques-uns s'en éloigne moins; comme s'en éloigne moins encore la démocratie qui recherche le bien du plus grand nombre). Donc, la tyrannie est la forme de gouvernement la plus injuste.

2. Thomas propose ensuite, comme deuxième type de preuve, une argumentation par analogie. Dans la nature, selon l'ordre de la providence divine, le bien dans les choses provient d'une seule cause parfaite selon un seul mode, alors que le mal dépend de causes singulières, selon des modes divers; ainsi, la beauté du corps provient de la disposition convenable de tous les membres, alors que la laideur advient de la difformité d'un membre ou d'un autre. De même pour chaque chose : bonne, provenant d'une seule cause, elle sera plus forte; et mauvaise, provenant

de plusieurs causes, elle sera plus faible. De même pour le gouvernement : juste, il sera plus fort s'il appartient à un seul ; injuste, il sera plus faible s'il appartient à plusieurs. Dans les gouvernements injustes, la tyrannie, exercée par un seul, est donc pire que l'oligarchie, exercée par quelques-uns, qui est pire que la démocratie, exercée par le grand nombre.

3. Selon l'expérience historique enfin, on peut dénombrer, pour Thomas, de très nombreux maux corporels et spirituels découlant de la tyrannie, selon divers vices : la cupidité conduit le tyran à voler ses sujets ; la colère à ordonner des mises à mort, ce qui entraîne l'insécurité ; la jalousie l'entraîne à entraver ses sujets sur le chemin de la vertu, de l'amitié, à empêcher tout esprit de magnanimité, toute richesse ou puissance, à semer la discorde. Il s'ensuit que les sujets d'une tyrannie sont rarement vertueux, mais plutôt serviles et veules.

Comme ces deux formes (ou espèces) de gouvernement, royauté et tyrannie, appartiennent au même genre, à savoir le *regimen unius*, il est certain que leur proximité peut apeurer les peuples qui, pour éviter la tyrannie, renoncent au genre de la monarchie. Thomas développe alors, dans les trois chapitres suivants (i, 4-6), une argumentation pour contrer ces craintes, en montrant que les deux étapes finalement néfastes qu'ont connues les Romains et les Juifs dans leur histoire politique auraient pu être évitées avec un jugement plus adéquat sur ces situations. Premièrement, ils ont choisi un *regimen plurium* – la République romaine et le gouvernement des Juges –, par peur de la tyrannie. Deuxièmement, à cause de la discorde interne et de la faiblesse externe de leur gouvernement, ils ont fini par opter pour un *regimen unius* – l'Empire romain et le Royaume d'Israël – qui s'est transformé en tyrannie, conduisant à la Chute de Rome et à la Captivité de Babylone (i, 4).

Concernant le premier point, Thomas commence par reconnaître – et cela est intéressant – que la République romaine, en tant qu'exemple du gouvernement de plusieurs, a produit des effets bénéfiques : développement rapide, investissement personnel des citoyens pour le bien commun, selon le témoignage de Salluste (i, 4, § 2). Il montre cependant, au moyen des enseignements de l'Histoire, que la dégénérescence du pouvoir d'un homme unique est moins à craindre que le mauvais gouvernement aux mains d'une pluralité, non en théorie, mais dans les faits, en réalité, dans ses effets [1] ; et ceci pour trois motifs : 1. le gouvernement de plusieurs, lorsqu'il se corrompt, contrairement à la tyrannie, si elle n'est pas excessive, supprime, par les discordes qu'il produit, les biens de l'ordre et de la paix ; 2. il arrive plus souvent qu'au moins un des dirigeants du gouvernement de plusieurs ne veuille pas rechercher le bien commun et fasse dévier le gouvernement ; 3. le gouvernement de plusieurs conduit plus souvent à la tyrannie que le gouvernement d'un seul, car, dans la discorde des magistrats, il arrive régulièrement que l'un usurpe pour lui seul la seigneurie* (*dominium*) (i, 5).

Concernant le second point – la royauté risque de se corrompre en tyrannie –, Thomas présente rapidement, en un chapitre (i, 6), ce qu'il a ailleurs développé plus en détail, à savoir sa théorie de la monarchie limitée, et d'une

---

1. M. Senellart, *Les arts de gouverner*, op. cit., p. 174, y voit « l'irruption du *temps vécu* dans un monde jusque-là inquiet de la seule *fin des temps* », le dépliement de la conduite du monarque « dans l'espace indéterminé du probable, hors duquel il n'est pas d'action réelle », une argumentation « dans le temps réel de l'action politique et non plus sur le plan de normes intemporelles ».

certaine façon, son option pour la constitution mixte, c'est-à-dire divers moyens institutionnels pour empêcher la tyrannie, tout en conservant au mieux les avantages de la royauté [1]. Le dominicain a démontré que la royauté est la meilleure forme de gouvernement dans l'absolu ; il faut maintenant adapter cette solution à la réalité des vices de la nature humaine et des circonstances historiques. La royauté *stricto sensu* serait en effet parfaite pour un roi absolument vertueux, ce qui se rencontre rarement [2]. Il est ainsi erroné, à notre avis, d'affirmer que la royauté que décrit Thomas dans ce traité est absolue, bien au contraire [3]. Cette forme de gouvernement, la meilleure (possible), doit en effet soumettre la multitude à la direction d'un seul, tout en s'attachant à ce que ce dernier ne gouverne pas sans garde-fou.

1. Comme le résume E. Gilson, « La vie sociale », dans *Le thomisme. Introduction à la philosophie de saint Thomas d'Aquin*, Paris, Vrin, 6ᵉ éd. revue, 1965, p. 401-402 : « Comme toute action, l'action politique s'exerce *in particularibus* ; elle ne peut donc se proposer que deux choses : éviter la tyrannie sous toutes ses formes, car celle-ci est toujours mauvaise, et, compte tenu des circonstances, rendre le régime aussi semblable que possible à celui que la science politique recommande comme étant absolument le meilleur ».

2. On trouve dans cette distinction, nous semble-t-il, la réponse principale aux affirmations concernant l'incohérence des positions politiques de Thomas dans son œuvre, selon qu'il utilise l'un ou l'autre sens du terme « meilleur », comme déterminé précédemment, p. 47-48.

3. C'est ce qu'affirmait par exemple J. A. Endres, « *De regimine principum* des heiligen Thomas von Aquin : eine kritische Erörterung », dans *Festgabe Clemens Baeumker*, éd. F. Ehrle *et alii*, Münster, Aschendorff, 1923, p. 261-268, en l'expliquant par la situation politique anarchique de Chypre dans les années 1260-1270. À ceci, E. Gilson, « La vie sociale », art. cit., p. 403, répond : « On voit par là combien la monarchie de saint Thomas diffère de ce que l'on a depuis désigné par ce nom. D'abord ce n'est pas une monarchie absolue et saint Thomas a même expressément réfuté la thèse qui voudrait que le roi fût monarque absolu de droit divin ».

Le premier contrôle extérieur pour prévenir la tyrannie, selon Thomas, consiste dans le choix prudent de la personne qu'on destine à la royauté. Même s'il ne précise pas – sans doute pour que cela s'adapte à différentes options – si ceux qui choisissent le roi appartiennent à la multitude, à un petit nombre ou s'il s'agit d'une autorité supérieure, comme un empereur ou un pape, la royauté que prescrit le dominicain semble être du moins élective et non héréditaire.

Le second type de prévention concerne la situation d'un roi déjà élu. Thomas propose rapidement deux mesures à mettre en place – gouvernement (*gubernatio*) aménagé et pouvoir* (*potestas*) tempéré (I, 6, § 2) – qu'il prévoyait de développer plus loin dans le traité, ce qu'il n'a pas eu le temps de faire. Heureusement, le dominicain l'a détaillé dans d'autres œuvres[1]. Elles permettent d'imaginer ce qu'il entendait par cette disposition spécifique du gouvernement et ce moyen de tempérer le pouvoir du roi. Nous pensons donc que ce point de doctrine non développé, concernant la théorie sur la limitation de la royauté, autorise l'interprétation des positions diverses que Thomas a exprimées dans ses écrits non comme concurrentes, mais « coopérantes ».

Il convient, tout d'abord, selon Thomas, de distinguer, outre les six formes de gouvernement, les deux modes de leur exécution, à savoir le mode royal et le mode politique,

---

1. Nous suivons ici en particulier la présentation qu'en fait J. M. Blythe, *Le gouvernement idéal et la constitution mixte, op. cit.*, p. 72-88, qui ne semble pas réellement remise en cause par la critique de P. Molnár, « Saint Thomas d'Aquin et les traditions de la pensée politique », art. cit., p. 94-98, si l'on accepte la distinction entre meilleure forme de gouvernement au sens absolu et meilleure forme de gouvernement relativement aux imperfections de la nature humaine postlapsaire.

présentés dans son Commentaire de la *Politique*[1]. Le premier signifie que le dirigeant a préséance de manière absolue et en toutes choses ; le second désigne un exercice du pouvoir qui suit la loi. Ainsi, d'après le dominicain, il peut exister un roi royal ou un roi politique, selon que ce dernier gouverne sans être soumis aux lois – de manière coercitive, ce qui ne signifie pas qu'il ne doit pas respecter la loi qu'il a promulguée[2] – ou qu'il le fasse conformément aux lois établies par la communauté. Ce mode spécifique de gouvernement du roi, qui empêche la tyrannie, doit ainsi certainement être identifié avec le mode politique d'un dirigeant qui gouverne selon les lois[3].

Quant au pouvoir tempéré dont parle Thomas, il faudrait le comprendre en lien avec l'idée d'une constitution mixte, d'origine aristotélicienne. Dans le commentaire de la

---

1. *Sententia libri Politicorum* I, 1/a, éd. cit., p. A72-73.

2. Relevons en effet, que dans la *Somme théologique* I-II, q. 96, a. 5, ad 3, Thomas affirme que le souverain absolu n'est pas entièrement délié de la loi. S'il est exempté de son pouvoir coercitif, c'est dans la mesure où ce dernier vient de l'autorité même du dirigeant. Cependant, en ce qui concerne la force directive de la loi, les dirigeants sont soumis à la loi, de leur propre volonté.

3. Thomas est un solide promoteur de la loi, présentée en détail dans sa *Somme théologique* I-II, q. 90-108 (de la loi éternelle, d'inspiration stoïcienne, à savoir la raison divine gouvernant le monde, en passant par la loi naturelle, qui est une impression de la loi éternelle dans les créatures raisonnables, associée aux premiers principes de la raison pratique, jusqu'à la loi positive, humaine ou civile, qui, en partant des préceptes de la loi naturelle, aboutit à des dispositions particulières et qui, par sa force coercitive, corrige l'homme vicieux et soutient l'homme vertueux). Les traitements qu'il en propose mériteraient un long développement que nous renonçons à présenter ici. Pour une bonne introduction à cette thématique, voir J. Finnis, « Aquinas'Moral, Political, and Legal Philosophy », dans *The Stanford Encyclopedia of Philosophy*, éd. E. N. Zalta, en ligne (consulté le 28.02.15) et F. Daguet, *Du politique chez Thomas d'Aquin, op. cit.*, chap. VI : La Loi, p. 209-266.

Politique, et plus encore dans la *Somme théologique* I-II [1],
il affirme que la meilleure constitution est celle qui est
bien dosée, à savoir celle qui associe les différentes formes
de gouvernement droites (royauté, aristocratie et constitution
politique) : un roi, choisi pour sa vertu, à la tête de tous ;
puis, au-dessous de lui, quelques magistrats choisis pour
leur vertu ; enfin, un peuple, des rangs duquel sont choisis
les magistrats et qui élit ces derniers. Les lois sont ensuite
décidées soit par le peuple soit par ses représentants. Il est
évident que l'ajout des autres pouvoirs à celui du roi garantit
un gouvernement plus limité et plus tempéré, en raison de
l'influence modératrice de ces derniers. Cette constitution
mixte est préférable pour deux raisons : parce que tous les
citoyens ont une certaine part d'autorité et que c'est le
meilleur moyen de maintenir la paix, car tout le monde
aime un arrangement de ce genre et tient à le conserver ;
parce qu'ainsi on ne se retrouve pas avec la loi de tel ou
tel groupe, mais avec la loi tout court. Cette royauté
prudemment instituée, meilleure forme de gouvernement
possible, de type mixte et qui prévoit un roi selon le mode
politique, est d'ailleurs, selon certains historiens, assez
proche du modèle historique chypriote du XIII e siècle [2].

1. Cf. *Sententia libri Politicorum* II, 7, éd. cit., p. A145 ; *Somme
théologique* I-II, q. 105, a. 1 ; voir aussi q. 90, a. 3.
2. Voir par exemple G. Grivaud, « Literature », dans *Cyprus. Society
and Culture, 1191-1374*, éd. A. Nicolaou-Konnari et C. Schabel, Leiden
– Boston, Brill, 2005, p. 248, qui explique que la royauté chypriote était
juridiquement réglée par les Assises de Jérusalem, selon lesquelles la
souveraineté appartenait en dernière instance au corps des barons féodaux,
la Haute Cour ou la Cour des Liges, assemblée à Nicosie, que le roi
présidait. Les décisions de cette cour étaient investies d'une autorité qui
était supérieure à celle du roi seul. Seulement à travers ce corps, une
proposition royale recevait une force légale ; dans cette cour, toutes les
questions de succession au trône, de minorité et de régence étaient

Enfin, Thomas discute des attitudes à adopter en cas de tyrannie déjà installée, en distinguant différents degrés de tyrannie[1]. Si cette dernière est modérée, mieux vaut la tolérer : il n'est pas prudent de renverser le tyran, car on pourrait rater le « putsch » et enflammer la colère du mauvais souverain, ou risquer de tomber dans l'anarchie, ou encore dans les mains d'un tyran plus cruel. Au cas où la tyrannie devient cependant excessive, il faut pouvoir agir. Thomas présente ici rapidement sa position sur la question du droit d'éliminer un tyran, qui, depuis Platon, a traversé l'histoire de la pensée politique, avec des relais médiévaux importants comme Jean de Salisbury : le tyrannicide, à savoir le meurtre du tyran par l'initiative privée de quelques citoyens courageux, n'est pas autorisé, car non conforme à la doctrine des apôtres et dangereux pour la multitude. Pourtant, si l'action privée contre la cruauté du tyran n'est pas permise, la destitution ou la limitation de son pouvoir par l'autorité publique est encouragée (I, 6, § 6). Dès lors que le roi est devenu tyran et n'a pas été fidèle à sa mission, il est juste, selon Thomas – peut-être en discussion implicite avec Jean de Salisbury[2] –,

---

décidées ; le roi recevait l'investiture de cette Haute Cour. Le modèle de la royauté contrôlée et limitée de Thomas est aussi en accord avec les thèses du juriste chypriote le plus éminent, Jean d'Ibelin. Le *Livre de Jean d'Ibelin*, composé durant la même période que le *De regno*, contient une version des Assises de Jérusalem et devient petit à petit l'ouvrage de référence pour la jurisprudence des royaumes de Jérusalem et de Chypre.

1. Voir à ce propos M. Senellart, *Les arts de gouverner*, op. cit., p. 172-174.
2. Jean de Salisbury, dans *Policraticus* VIII, 20, éd. cit., p. 792-797, interdit en effet le tyrannicide pour les sujets engagés dans des liens de fidélité.

que ses sujets ne tiennent pas non plus leurs engagements envers lui et le chasse du trône ou le condamne à la peine de mort, comme l'ont fait dans le passé les Romains. Bien entendu, cela est possible lorsque l'on a affaire à une monarchie élective, que Thomas semble vouloir privilégier. Or, l'autorité publique, dans le cadre d'une monarchie élective, s'incarne diversement selon le procédé de l'élection : soit dans la multitude, soit dans une instance supérieure, à laquelle il faut recourir. En de telles circonstances, renverser le tyran n'est donc pas un acte séditieux ; c'est plutôt mettre un terme aux dissensions à la faveur desquelles le tyran se maintient[1]. Parfois, pourtant, l'autorité publique elle-même devra s'avouer impuissante. Il n'y aura alors de recours qu'auprès de Dieu, roi de tous, seul capable de convertir ou de supprimer les tyrans, seul juge de les conserver, si le peuple le mérite. Le chapitre se termine donc avec une invitation à se rappeler que la providence divine veille sur les événements politiques : priez, convertissez-vous et espérez, dit Thomas, à la suite de Jean de Salisbury[2].

L'office et la récompense du roi :
les relations entre pouvoir temporel
et pouvoir spirituel (chap. I, 7-11 ; II, 3)

En prouvant que l'unité de la royauté produit la meilleure forme de gouvernement, tout en recommandant une limitation institutionnelle de son pouvoir – par sa division avec la multitude et le contrôle de la loi –, Thomas d'Aquin signale implicitement que la satisfaction de sa définition

1. Cf. *Somme théologique* I-II, q. 42, a. 2, ad 3.
2. Jean de Salisbury, *Policraticus* VIII, 20.

du roi est très rare : pratiquement parlant, presque tous les rois, à un certain degré du moins, gouvernent de manière tyrannique.

Alors que le gouvernant devrait rechercher le bien commun, l'auteur, dans les chapitres I, 7-11, s'arrête longuement sur l'identification des récompenses appropriées au roi et des punitions et supplices que subira le tyran. Comme il l'affirme lui-même, il faut mener cette enquête, car « l'office du roi semblerait trop lourd, s'il n'en tirait pas pour lui quelque bien propre » (I, 7, § 1). Est-ce que cela signifie que le roi, même « bon » (§ 1), n'est pas parfaitement vertueux, puisque la vertu ne semble pas lui suffire comme récompense, puisqu'il ne semble pas trouver sa fin dans le fait même de gouverner en vue du bien commun ? Il lui faudrait en plus le bénéfice d'une récompense externe.

La récompense suggérée dans le chapitre I, 7 est celle de l'honneur et de la gloire, ainsi que l'avaient identifiée Cicéron et Aristote, mais qui ne satisfait pas Thomas. Fort fragile puisque dépendante des opinions, elle n'est pas suffisante pour empêcher un monarque de devenir un tyran et peut même créer plus de dangers qu'elle n'en prévient. Avec le soutien de plusieurs exemples tirés de l'histoire romaine, le dominicain affirme, en effet, que ce désir conduit l'homme à rechercher « de manière immodérée, la gloire dans les faits d'arme » (§ 5) et à tomber dans le vice de l'hypocrisie et de la dissimulation car « de nombreux hommes, désirant la gloire, feignent les vertus » (§ 5). En outre, le désir de gloire non seulement conduit à la tyrannie, mais éloigne de la magnanimité, parce que, selon Cicéron, il détruit la liberté de l'esprit, qui est le but de tout grand homme. Or, ajoute Thomas, rien n'est plus adéquat à un bon dirigeant que la magnanimité (§ 3)[1]. Ainsi, la récompense proposée par la philosophie politique ancienne échoue à prévenir suffisamment la tyrannie et conduit même à la perversion du bon gouvernement pratiqué par l'homme magnanime. Au cas où le roi serait assez vertueux pour mépriser la gloire, ajoute le dominicain, elle ne lui serait pas une récompense appropriée. Cependant, penser la politique en imaginant, idéalement, qu'un homme magnanime gouvernerait la cité conduit à augmenter la possibilité de la tyrannie ; « comme peu d'hommes parviennent à la vraie vertu, il semble plus acceptable de préférer, pour le gouvernement, un homme qui, par crainte du jugement des hommes, se tienne au moins à l'écart de ce qui est manifestement mauvais » (§ 6). L'approche empirique et réaliste de Thomas est ici clairement affirmée, tout comme elle l'était à propos des différents degrés de tyrannie, et de l'analyse de leurs effets (I, 5-6).

Comme l'honneur et la gloire terrestres ne sont pas un salaire approprié au roi vertueux et ne sont qu'un pis-aller dans les cas concrets, le dominicain prouve, par la raison et l'exemple, que cette récompense ne peut, en dernière instance, venir que de Dieu, et qu'elle « ne consiste en rien d'autre qu'en Lui-même », dans la vie éternelle (I, 8, § 3). En effet, la récompense de la vertu, la fin ultime de nos désirs et l'objet de notre volonté est la béatitude, le bien universel, qui doit être divin, car permanent[2]. Cet honneur

1. Voir, à propos du traitement par Thomas d'Aquin (dans son œuvre en général) de la vertu de la magnanimité, les pages de M. M. Keys, *Aquinas, Aristotle, and the Promise of the Common Good, op. cit.*, p. 147-172.
2. Sur la dialectique entre bonheur terrestre et céleste, entre fin intermédiaire et ultime (sur la question du bonheur philosophique, cependant, plutôt que politique), voir la présentation éclairante de R. Imbach, « Introduction », dans Thomas d'Aquin, Boèce de Dacie, *Sur le bonheur*, trad. R. Imbach, I. Fouche, Paris, Vrin, 2006, p. 23-32.

et cette gloire célestes atteindront, en outre, un degré particulièrement élevé chez les rois justes, car leur vertu est supérieure à celle du commun, à cause de la grandeur des responsabilités et des difficultés associées à leur office (I, 9). Y seront d'ailleurs associés des biens terrestres tels que l'amitié de leurs sujets, la stabilité de leur gouvernement, la renommée, les honneurs et même la richesse, alors que les tyrans subiront échecs temporels et châtiments éternels (I, 9-10).

Ce roi, qui trouve sa récompense appropriée dans la béatitude céleste – laquelle joue aussi un rôle de motivation au gouvernement vertueux –, se doit de diriger la multitude, à l'image de Dieu, ce qui signifie « conduire de manière appropriée ce qui est gouverné vers la fin qui lui est due » (II, 3, § 2). Or, pour définir cette fin, Thomas commence par déterminer quelle serait la fin intrinsèque de la communauté : celle-ci est d'abord présentée comme la vie selon la vertu. La vie vertueuse, et plus encore le bonheur qu'elle procure, représente la fin que devraient permettre, dans le domaine pratique, la prudence du roi et la justice de son gouvernement et de ses lois [1]. Mais l'homme dont il est ici question vit dans l'ère de la nature réparée et dans l'aire de la chrétienté ; sa fin ultime, ultérieure, est extrinsèque ; il s'agit de la gloire céleste, permettant d'atteindre le bonheur, « qui est attendue dans la jouissance de Dieu après la mort » (§ 3). Or, affirme Thomas à la suite d'Aristote (*Politique* VII, 2), « il faut porter le même jugement sur la fin de toute la multitude et sur celle d'un seul <homme> » (§ 4), et comme il le répète plus bas, en

---

1. Nous n'abordons pas ici plus avant, par souci d'économie, la question de la relation entre le bonheur spéculatif et le bonheur pratique, entre la contemplation (connaissance du plus haut intelligible) et la vie selon la vertu (jouissance du plus haut bien).

suivant cette fois l'*Éthique à Nicomaque* I, 9, puisque l'homme possède cette fin ultime, « il faut alors que la fin de la multitude humaine et celle d'un seul homme soient les mêmes » (§ 6)[1]. Le bien ultime de la communauté politique sera donc, lui aussi, la béatitude céleste, vers laquelle doit la guider le dirigeant.

Est ainsi affirmée, dans le domaine politique, la célèbre thèse thomasienne de la procession à partir de Dieu et de sa conversion vers Lui : si le gouvernant humain trouve son exemple parfait en Dieu, il doit alors aussi reconduire ses sujets à Lui. Cependant, comme la multitude, même dirigée, ne peut, par ses seules forces et par une vertu humaine, atteindre cette fin, mais a besoin d'une vertu divine, « il n'appartient pas au gouvernement humain, mais au gouvernement divin de l[a] mener à cette fin ultime » (§ 7). Ainsi, comme l'explique Thomas, c'est le gouvernement de « ce roi qui est non seulement homme, mais aussi Dieu » (§ 8) qui conduira la multitude à la béatitude. Or, pour que le royaume du Messie ne soit pas absorbé par les royaumes temporels, celui-là a été confié aux prêtres, et surtout au pape, successeur de Pierre et

---

1. Voir à ce propos, *supra*, p. 45-46. À ce stade de la réflexion, le dominicain se réfère non plus au bien intermédiaire (félicité terrestre), mais au bien ultime et, dans ce cas-ci, les fins de l'individu et de la communauté coïncident d'autant plus (sans que cela soit ici précisément argumenté). Cette question de la relation entre la fin du citoyen et la fin de la multitude a d'ailleurs produit un débat nourri, en particulier dans la tradition des commentaires médiévaux de la *Politique*. Voir à ce propos M. Toste, « *Pro patria mori*. The Debate in the Medieval Aristotelian Commentary Tradition », dans *Il bene comune : forme di governo e gerarchie sociale nel basso medioevo. Atti del XLVII Convegno storico internazionale*, Spoleto, Centro italiano di studi sull'alto medioevo, 2012, p. 399-400, qui explique que, pour le commentateur Pierre d'Auvergne, si les fins ultimes du citoyen et de la cité sont uniques, leurs fins proches sont distinctes.

vicaire du Christ. Les rois chrétiens doivent donc être subordonnés au souverain pontife[1].

La question du rapport, chez Thomas d'Aquin, entre les pouvoirs temporel et spirituel a souvent été discutée, parce que ce passage de la *Royauté* semble proposer une solution divergente de celle énoncée dans d'autres de ses ouvrages, en particulier dans le Commentaire des *Sentences* et dans la *Secunda Pars* de la *Somme théologique*, où est présentée une claire distinction entre les domaines juridictionnels des deux pouvoirs[2]. Nous pensons qu'il est

1. II, 3, § 9 : « Le ministère de ce royaume, afin que le spirituel soit distinct du terrestre, n'est donc pas confié aux rois de la Terre, mais aux prêtres, et il revient principalement au Grand Prêtre, successeur de Pierre, vicaire du Christ, le pontife romain, à qui doivent être soumis tous les rois du peuple chrétien, comme à notre Seigneur Jésus Christ lui-même. En effet, comme il a été dit, à celui en charge de la fin dernière doivent se soumettre ceux qui sont chargés des fins antécédentes ; et c'est par son commandement qu'ils sont dirigés ».

2. *Scriptum super libros Sententiarum*, II, dist. 44, exp. text., ad 4 ; *Somme théologique*, II-II, q. 10, a, 10, qui reconnaît la légitimité d'un pouvoir politique existant chez les infidèles ; II-II, q. 60, a. 6, 3 et ad 3, qui explicite que les pouvoirs spirituel et temporel sont distincts, mais que le pouvoir séculier est soumis au pouvoir spirituel, ou encore II-II, q. 147, a. 3, qui affirme que chacune des deux sphères de pouvoir a un domaine propre de compétence. A ce propos, I. T. Eschmann, « Saint Thomas Aquinas on the Two Powers », *Medieval Studies* 20 (1958), p. 177-205, dit que le texte des *Sentences* est un texte isolé dans l'enseignement de Thomas et que la position du *De regno* est son opposé. L. E. Boyle, « The *De regno* and the Two Powers », dans *Essays in Honour of Anton Charles Pegis*, éd. J. R. O'Donnell, Toronto, Pontifical Institute of Mediaeval Studies, 1974, p. 237-247, montre que ce texte défend la même position que le texte des *Sentences* : Thomas a une conception dualiste des connexions entre l'Église et la communauté politique, et il n'a jamais changé de position à ce propos. L. P. Fitzgerald, « Saint Thomas Aquinas and the Two Powers », *Angelicum* 56 (1979), p. 515-556, est aussi convaincu de la cohérence de la pensée de Thomas sur ce point, tout au long de sa carrière ; il y a, selon lui, chez Thomas, la reconnaissance d'une distinction des deux pouvoirs et de leur

possible de lire ces textes comme concordants, en reconnaissant une double subordination du temporel au spirituel : une essentielle et générale de toute l'œuvre politique aux principes de la vie chrétienne, telle que présentée dans le *De regno*; une occasionnelle, pour les cas d'interférence, de la juridiction politique à la juridiction spirituelle, ainsi que l'expriment le Commentaire des *Sentences* et la *Somme théologique* II-II.

Thomas ne nie donc pas au gouvernement politique sa relative autonomie juridique, mais reconnaît qu'il s'intègre dans le schéma d'un univers ordonné selon le principe architectonique de la hiérarchie des fins et qu'il doit ainsi accepter son statut de subordonné vis-à-vis du spirituel. Cette doctrine (déjà ancienne) de l'insuffisance du gouvernement temporel et de la possibilité de le parfaire par le gouvernement spirituel est renouvelée et modifiée par Thomas, qui la développe sur la base de la théorie aristotélicienne des fins. La totale réalisation des fins humaines dans la béatitude céleste explique la nécessité des deux pouvoirs, dualité qui converge dans l'unité de la

subordination mutuelle dans leurs sphères respectives. Mais Thomas admet aussi sans discussion leur union *de facto* dans le pape, et il permet même la subordination des fins de la société politique à la fin ultime de l'Église. P. E. Sigmund, « Law and Politics », dans *The Cambridge Companion to Aquinas*, éd. N. Kretzmann et E. Stump, New York, Cambridge University Press, 1993, p. 219, affirme que, sur ce sujet, Thomas « waffles ». Enfin, F. Daguet, « Saint Thomas et les deux pouvoirs », *Revue Thomiste* 102, 4 (2002), p. 531-568 et *Du politique chez Thomas d'Aquin, op. cit.*, chap. IV : Les deux pouvoirs, p. 127-158, propose la présentation la plus aboutie : le texte des *Sentences* et celui du *De regno* présentent de concert le principe d'autonomie des deux sphères et la règle de subordination du pouvoir temporel au pouvoir spirituel lorsque le salut des âmes est en cause. Cependant, « la permanence de nombreux usages relevant plutôt de l'augustinisme politique vient affecter dans la pratique les applications de ce principe et de cette règle » (*ibid.*, p. 153).

personne du Christ, à la fois roi et prêtre. Dans ce monde, pourtant, les deux pouvoirs sont transmis séparément, l'un aux rois temporels, l'autre aux prêtres, et principalement au souverain pontife, de sorte que les affaires temporelles restent distinctes des affaires spirituelles, et que l'office de gouvernant du pouvoir temporel n'exige pas de désignation de la part du pouvoir spirituel[1]. Toutefois, la valeur différente des fins, intermédiaire et ultime, implique une subordination du pouvoir temporel au pouvoir spirituel.

Cette doctrine demande à être bien comprise dans son contexte théorique. Tout d'abord, Thomas ne conçoit pas une relation entre deux communautés différentes, mais une distinction de fonctions, ce qui signifie une distinction et une interrelation entre deux grandes sphères de la vie humaine à l'intérieur d'une seule communauté – la chrétienté. Ensuite, le dominicain attribue au pouvoir temporel une valeur intrinsèque, indépendamment du pouvoir spirituel, comme expression de l'ordre naturel et rationnel. Enfin, parce que fondé sur la nature de l'homme et sur son appartenance à la chrétienté, ce pouvoir temporel ne peut éviter d'être sujet du spirituel, comme le corps l'est de l'âme, comme la philosophie l'est de la théologie, comme le naturel l'est du surnaturel. Tout ceci revient, par conséquent, à l'interprétation correcte du principe thomasien selon lequel la grâce n'abolit pas la nature, mais la parfait[2].

---

1. Voir à ce propos Y. Cattin, *L'anthropologie politique de Thomas d'Aquin, op. cit.*, p. 201-213.
2. *Cf.* A. P. D'Entrève, « Introduction », art. cit., p. XXIII-XXIV. F. Daguet, *Du politique chez Thomas d'Aquin, op. cit.*, p. 156-157, propose un parallèle éclairant entre les relations nature-grâce et pouvoir temporel-spirituel avant et après le péché originel : « [l'] économie prélapsaire donne à voir une union originelle de la nature et de la grâce, déjà sans confusion ni séparation. Cette harmonie était établie sans tension, aussi bien au sein de chaque individu, dans la communauté

Bilan

Très souvent, les lecteurs de *La Royauté* ont exprimé de la déception quant à la qualité du texte qu'ils avaient sous les yeux. Il est certain qu'on ne se trouve pas devant un ouvrage structuré clairement, achevé, complet. Ce traité doit en effet être appréhendé avec une claire conscience de ses conditions de rédaction et de publication. Thomas écrit cet opuscule dans un but précis, annoncé dans le prologue; de plus, il ne le termine pas et ne le révise donc pas.

Au-delà de ces avertissements, le lecteur contemporain de *La Royauté*, intéressé à l'histoire de la philosophie politique, peut découvrir des éléments doctrinaux et des indices historiques intéressants. Il devrait, pour cela, s'efforcer d'étudier les solutions que Thomas d'Aquin donne en fonction des problèmes qu'il se pose lui-même et qu'il considère comme centraux. Ce traité ayant été réalisé pour conseiller un roi exerçant dans la chrétienté médiévale, il doit d'abord être compris à partir de ses propres prémisses et de son contexte historique. Une fois sa validité relative clairement perçue, il sera possible d'estimer la valeur de ses principes plus généraux [1].

Or, Thomas d'Aquin fait œuvre nouvelle quand, dans ce traité, au lieu de fournir une liste de règles de conduite morales au gouvernant et à ses conseillers, il tente de

humaine : il n'y avait alors aucune dissociation entre le corps ecclésial et la communauté politique naturelle [...]. La "solution" de saint Thomas consiste à tendre vers l'harmonie première par la coopération des autorités, mais celle-ci n'est plus donnée comme elle l'était en justice originelle, elle doit sans cesse être reconquise, elle n'est jamais pleinement atteinte, et les deux cités coexisteront jusqu'au dernier jour ».

1. *Cf.* Voir à ce propos I. T. Eschmann, « Introduction », art. cit., p. XXXIX.

comprendre de manière systématique la constitution politique de la communauté humaine et présente l'office du roi comme une conséquence de l'organisation du pouvoir politique. Cette entreprise conduit à la double thèse centrale de l'opuscule, à savoir, comme nous l'avons vu, l'affirmation que, premièrement, la communauté politique est une institution fondée sur la nature, au service – de manière nécessaire et définie – des fins intermédiaire et ultime de l'homme (la félicité terrestre associée à la vertu, à la paix et au bien commun, et la béatitude éternelle)[1] et que, deuxièmement, cette communauté est dirigée au mieux lorsqu'elle l'est par un roi juste – selon un régime mixte (tempéré) et dans un mode de gouvernement politique – qui apporte unité au peuple et le conduit vers ses fins.

Cette thèse s'intègre parfaitement à la théologie thomasienne de la nature et de la grâce, exprimée dans la situation historique de la chrétienté médiévale et de la royauté chypriote, et explicitée par des notions et concepts en grande partie tirés de la philosophie aristotélicienne. Selon Thomas, les valeurs et les vérités humaines ne sont pas détruites par la Révélation. Ceci implique la reconnaissance de l'existence, de la dignité et de l'autonomie relative d'une sphère purement naturelle de valeurs rationnelles et éthiques. La politique, bien qu'importante, n'a cependant pas le dernier mot dans la sagesse et le comportement humains. Dans cette vie ici-bas, la pratique des vertus et la poursuite du bien commun sont au service

---

1. Comme l'affirme F. Daguet, « Le politique chez saint Thomas d'Aquin », art. cit., p. 389, le Docteur angélique articule avec finesse les aspects individuels et communautaires de la vie humaine ; son anthropologie est ainsi « autant personnaliste que communautariste, et cette double qualité la met à l'écart des excès tant de l'individualisme que du totalitarisme communautaire ».

de la recherche de la vérité et du bien ultime[1]. La politique se développe ainsi de concert avec la morale, et en dernière instance avec la théologie. De même que la nature requiert d'être perfectionnée par la grâce, l'action du gouvernement politique humain, comme partie de l'ordre naturel, doit être considérée dans le cadre général du gouvernement divin de l'univers, auquel il est soumis[2].

Au côté de cette thèse centrale formulée de manière particulièrement vive dans les chapitres I, 1-2, 8 et II, 3, Thomas a produit sur certains autres points de doctrine politique – risques tyranniques des formes politiques où plusieurs gouvernent, limitations des pouvoirs du monarque, droit de révolte face au tyran, – des textes parmi les plus explicites qu'il ait laissés (respectivement chapitre I, 4, 5 et 6). *La Royauté* peut donc être considérée, malgré ses imperfections et sa nécessité de contextualisation, comme un des premiers traités politiques d'importance du Moyen Âge latin.

---

1. Comme le résume F. Daguet, « Le politique chez saint Thomas d'Aquin », art. cit., p. 391, « il n'y a chez Thomas d'Aquin ni pur providentialisme – le pouvoir privé de toute réalité naturelle – ni pur naturalisme – le pouvoir séparé de toute référence divine ».

2. Voir à ce propos A. P. D'Entrèves, « Introduction », art. cit., p. XIII-XV.

Note à la traduction

Nous suivons, pour cette traduction, le texte latin ainsi que la structure en chapitres de l'édition critique de référence, à savoir celle réalisée en 1979 par la commission léonine. Pour plus de lisibilité et de précision, nous avons ajouté des numéros de paragraphes aux textes latin et français, auxquels nous nous référons pour les renvois internes. Pour permettre de retrouver les références données selon l'ancienne division des imprimés (qui contient les quatre livres), au numéro des chapitres intéressés, nous joignons entre parenthèses le numéro que l'on retrouve entre autres dans l'édition Perrier.

La traduction que nous présentons a cherché à restituer le sens de la manière la plus fidèle possible. Pour rester au plus près du texte, nous avons renoncé à améliorer le plan formel et stylistique de la version française, ce qui a produit parfois des tournures peu élégantes, dont le lecteur voudra bien nous excuser. Nous avons traduit nous-mêmes les citations des auteurs anciens (Aristote, Cicéron, Salluste, Tite Live, César, Augustin, etc.), même si nous faisons référence en note aux traductions françaises officielles existantes. Nous avons tenté de traduire de manière cohérente les termes-clés sur l'ensemble du traité, et de trouver, lorsque cela était possible, une traduction différente en français pour chacun d'eux. Dans certains cas, cela peut donner des expressions quelque peu étonnantes, mais nous avons trouvé préférable de maintenir au maximum ces correspondances latin-français pour chaque terme. Voici une liste de quelques choix de traduction particulièrement significatifs :

Latin	Français
Commodum	Avantage
Congregatio	Association
Conversatio	Vie (avec)
Dirigere	Diriger
Dominium	Seigneurie
Dux	Chef
Gubernator	Gouvernant
Imperium	Selon le contexte : commandement, empire
Industria	Habileté
Institutio	Selon le contexte : création (monde), fondation (cité), institution (gouvernement politique)
Merces	Salaire
Multitudo	Multitude
Officium	Office
Optimates	Notables
Politia	Constitution politique
Potentatus	Suprématie
Potentia	Puissance
Potestas	Pouvoir
Premium	Récompense
Presidens	Dirigeant
Princeps	Selon le contexte : prince, dirigeant
Principatus	Exercice du pouvoir
Ratio	Raison, définition
Rector	Recteur
Regere	Diriger, régir
Regimen	Gouvernement
Regnare	Régner
Regnum	Selon le contexte : royauté, royaume
Studium	Préoccupation, soin

Quand un terme technique apparaît pour la première fois dans le texte, il est marqué d'un astérisque, indiquant que cette notion est référencée dans le glossaire, en fin de volume.

Concernant les notes : 1. nous avons contrôlé et repris (et parfois modifié) les renvois aux sources donnés dans l'édition léonine; 2. nous avons ajouté des renvois à des sources implicites; 3. nous avons indiqué un certain nombre de lieux parallèles dans l'œuvre de Thomas d'Aquin; 4. à quelques exceptions près (identification des noms propres), nous avons évité d'alourdir la traduction par des notes explicatives : l'introduction et la bibliographie fourniront au lecteur des indications utiles pour s'orienter.

Cette traduction est née des désirs conjoints de donner une place visible à la philosophie politique médiévale et de proposer, dans un cadre scientifique, ce traité de Thomas d'Aquin souvent récupéré de manière extravagante. Comme déjà annoncé, nous projetons de présenter, dans une collection Vrin, la traduction de la *continuatio* de cet écrit inachevé, réalisée par Ptolémée de Lucques au début du XIV e siècle.

Nous sommes particulièrement reconnaissante envers Véronique Decaix qui nous a offert sa précieuse collaboration durant toute la durée du projet, par son travail sur les sources, ses relectures et commentaires avertis.

Nous exprimons notre gratitude envers le Fonds National Suisse de la Recherche Scientifique (FNS), dont le soutien financier a permis de mener à bien les recherches dont ce livre est le résultat. Nous remercions aussi tous ceux qui, d'une manière ou d'une autre, nous ont accompagnée et aidée dans cette entreprise : Véronique Decaix, Ruedi Imbach, Irène Rosier-Catach, Gianluca Briguglia, Marco Toste, Lidia Lanza, ainsi que Jean-Baptiste Brenet et Christophe Grellard qui ont accueilli ce travail dans la collection *Translatio*.

Thomas d'Aquin

LA ROYAUTÉ, AU ROI DE CHYPRE

DE REGNO AD REGEM CYPRI

DE REGNO AD REGEM CYPRI

Cogitanti michi quid offerrem regie celsitudini dignum meeque professioni et officio* congruum, id occurrit potissime offerendum ut regi librum de regno* conscriberem, in quo et regni originem et ea que ad regis officium pertinent secundum Scripture divine auctoritatem*, philosophorum dogmata et exempla laudatorum principum, diligenter depromerem iuxta ingenii proprii facultatem, principium, progressum, consummationem operis ex illius expectans auxilio qui est Rex regum et Dominus dominantium, per quem reges regnant, Deus magnus dominus, et rex magnus super omnes deos.

LA ROYAUTÉ, AU ROI DE CHYPRE

PROLOGUE

Alors que je me demandais quel présent serait digne de la majesté royale et conforme à ma profession <religieuse> et à mon office* <de maître en théologie>, il m'était apparu particulièrement opportun d'écrire, pour un roi, à titre d'hommage, un traité sur la royauté*, dans lequel j'exposerais diligemment, dans la mesure de mes propres capacités, l'origine de la royauté et l'office qui incombe au roi, en suivant l'autorité* de la divine Écriture, les théories des philosophes et les exemples donnés par les princes de valeur, en comptant pour débuter, poursuivre et achever cette œuvre, sur l'assistance de Celui qui est le « Roi des rois et le Seigneur des seigneurs »[1], par qui règnent les rois, Dieu, grand Seigneur et grand Roi, au-dessus de tous dieux[2].

1. Ap 17, 14 et 19, 16.
2. *Cf.* Ps 95, 3.

LIBER I

QUID SIGNIFICETUR NOMINE REGIS

[1] Principium autem intentionis nostre hinc sumere oportet ut quid nomine regis intelligendum sit, exponatur. In omnibus autem que ad finem aliquem ordinantur, in quibus contingit sic et aliter procedere, opus est aliquo dirigente per quod directe debitum perveniatur ad finem. Non enim navis, quam secundum diversorum ventorum impulsum in diversa moveri contingit, ad destinatum finem perveniret nisi per gubernatoris industriam dirigeretur ad portum. Hominis autem est aliquis finis ad quem tota eius vita et actio ordinatur, cum sit agens per intellectum cuius est manifeste propter finem operari. Contingit autem diversimode homines ad finem intentum procedere, quod ipsa diversitas humanorum studiorum et actionum declarat; indiget igitur homo aliquo dirigente ad finem.

LIVRE I

CHAPITRE PREMIER

SIGNIFICATION DU NOM DE ROI

[1] Au commencement de notre entreprise, il convient d'exposer ce qu'il faut entendre par le nom de roi. Dans toutes les choses ordonnées à une fin et procédant de diverses manières, il en faut une qui dirige, par laquelle on atteint directement la fin adéquate [1]. En effet, un navire, poussé en diverses directions par des vents contraires, ne parviendrait pas à destination, s'il n'était dirigé jusqu'au port par l'habileté du capitaine. Or, l'homme a une fin à laquelle toute sa vie et toute son action sont ordonnées, puisqu'il agit par l'intellect, à qui il revient manifestement d'opérer en vue d'une fin. Et il se trouve que les hommes procèdent de diverses manières vers la fin à laquelle ils tendent, ce qu'atteste clairement la diversité même des préoccupations et des actions humaines. Par conséquent, l'homme a besoin de quelque chose qui le dirige vers sa fin.

---

1. Aristote, *Les Politiques*, I, 5, 1254a28, trad. P. Pellegrin, Paris, GF-Flammarion, 1990. *Cf.* Thomas d'Aquin, *Somme théologique*, I, q. 96, a. 4, t. 1, trad. A.-M. Roguet, Paris, Cerf, 1984 ; *Sententiae libri Metaphysicae*, Prologue, éd. Marietti, Torino-Roma, 1954.

[2] Est autem unicuique homini naturaliter*
insitum rationis lumen, quo in suis actibus dirigatur ad
finem. Et si quidem homini conveniret singulariter vivere
sicut multis animalium, nullo alio dirigente indigeret ad
finem, sed ipse sibi unusquisque esset rex sub Deo summo
rege, inquantum per lumen rationis divinitus datum sibi
in suis actibus se ipsum dirigeret. Naturale autem est homini
ut sit animal sociale* et politicum*, in multitudine* vivens,
magis etiam quam omnia alia animalia; quod quidem
naturalis necessitas declarat. Aliis enim animalibus natura
preparavit cibum, tegumenta pilorum, defensionem,
ut dentes, cornua, ungues, vel saltem velocitatem ad

[2] En effet, en chaque homme est naturellement* inscrite la lumière de la raison qui le dirige dans ses actes vers sa fin. Et s'il convenait à l'homme de vivre en solitaire, comme c'est le cas pour beaucoup d'animaux, il n'aurait besoin de rien d'autre qui le dirige pour atteindre sa fin, mais chacun serait à lui-même son propre roi, sous Dieu le roi souverain, en tant qu'il pourrait lui-même se diriger dans ses propres actions par la lumière de la raison donnée par Dieu[1]. Mais l'homme est naturellement un animal social* et politique[2]*, vivant en multitude*, bien plus que tous les autres animaux, ce que montre la nécessité naturelle. Aux autres animaux, en effet, la nature a fourni par avance de la nourriture, une fourrure, des défenses – comme les dents, les cornes, les griffes, ou au moins la rapidité dans

1. *Cf.* Thomas d'Aquin, *Somme théologique*, I-II, q. 72, a. 4.

2. Aristote, *Les Politiques*, I, 2, 1253a2-3 et 7 (mais avec l'adjectif *civile* dans la traduction latine de Moerbeke : *Politicorum libri octo cum vetusta translatione Guilelmi de Moerbeke*, éd. F. Susemihl, Leipzig, Teubner, 1872); l'adjectif *politicum* vient de la traduction latine de l'*Éthique* (VIII, 12, 1162a18 et IX, 10, 1169b18) de Grosseteste (*Ethica Nicomachea, translatio Roberti Grosseteste Lincolniensis, Recensio pura, Aristoteles Latinus* XXVI (*fasciculus tertius*), éd. R.-A. Gauthier, Leiden, Brill, 1972), puis révisée par Moerbeke (*Ethica Nicomachea, translatio Roberti Grosseteste Lincolniensis, Recensio recognita, Aristoteles Latinus* XXVI (*fasciculus quartus*), éd. R.-A. Gauthier, Leiden, Brill, 1973); l'adjectif « sociale » appartient à la tradition « stoïcienne », dont on trouve des exemples chez Sénèque, *Les Bienfaits*, VII, 1, 7, éd. et trad. F. Préchac, Paris, Les Belles Lettres, 1972; Macrobe, *Commentaire au Songe de Scipion* I, VIII, 6, éd. et trad. M. Armisen-Marchetti, Paris, Les Belles Lettres, 2001; Augustin, *La Cité de Dieu*, XII, 27, trad. L. Jerphagnon, Paris, Gallimard, 2000. *Cf.* Thomas d'Aquin, *Somme contre les Gentils*, III, 85, trad. C. Michon, Paris, GF-Flammarion, 1999; *Somme théologique* I-II, q. 72, a. 4; *Expositio libri Peryermenias*, lib. 1, 2, 2, éd. Léonine (t. 1,1), Roma, 1882, p. 11. Dans les *Sententia libri*

fugam; homo autem institutus est nullo horum sibi a natura
preparato, sed loco omnium data est ei ratio per quam sibi
hec omnia officio manuum posset preparare. Ad que omnia
preparanda unus homo non sufficit, nam unus homo per
se sufficienter vitam transigere non posset; est igitur homini
naturale quod in societate* multorum vivat.

[3] Amplius, aliis animalibus insita est naturalis industria
ad omnia ea que sunt eis utilia vel nociva, sicut ovis
naturaliter existimat lupum inimicum; quedam etiam
animalia ex naturali industria cognoscunt aliquas herbas
medicinales et alia eorum vite necessaria. Homo autem
horum, que sunt sue vite necessaria, naturalem cognitionem

la fuite[1]. L'homme, en revanche, a été créé sans que rien de cela ne lui ait été fourni d'avance par la nature, mais à la place, la raison lui a été donnée, qui lui permet d'apprêter toutes ces choses par avance en utilisant ses mains[2]. Pour apprêter d'avance tout cela, un seul homme ne suffit pas, car il ne peut réaliser seul ce qui est nécessaire à sa vie ; il est donc naturel pour l'homme de vivre dans la société* de plusieurs autres.

[3] Bien plus, une habileté naturelle pour tout ce qui est utile ou nuisible est inscrite chez les autres animaux ; par exemple la brebis estime naturellement que le loup est son ennemi[3]. Certains animaux connaissent même, par habileté naturelle, certaines herbes médicinales et d'autres choses nécessaires à leur vie. Mais l'être humain possède par nature une connaissance seulement générale des choses qui sont nécessaires à la vie, en ce qu'il est capable de

Politicorum, I, 1/b, éd. Léonine (t. 48), Roma, 1971, p. A78 et Sententia libri Ethicorum, I, 9, éd. Léonine (t. 47-2), Roma, 1969, p. 32, c'est l'expression « animal civile » qui est utilisée uniquement (mais pas exclusivement), laquelle vient de la traduction latine de la Politique (I, 2, 1253a2-3 et 7) de Moerbeke et aussi, de manière indirecte, de la traduction latine de l'Éthique à Nicomaque (I, 9, 1097b11 : « quia natura civile homo »). Voir à ce propos R.-A. Gauthier, Thomas d'Aquin, Somme contre les Gentils, Introduction, Paris, Editions Universitaires, 1993, p. 90-91.

1. Avicenne, Liber de Anima sive sextus de naturalibus, V, 1, éd. S. Van Riet, Louvain, Peeters, 1968, p. 69-73. Voir aussi Aristote, Histoire des animaux, I, 1, 488a, trad. J. Tricot, Paris, Vrin, 1957, 2e édition, 1987 ; Éthique à Nicomaque, I, 5, 1097b11 et IX, 9, 1169b18, trad. R. Bodeüs, Paris, GF-Flammarion, 2008.

2. Aristote, Parties des animaux, IV, 10, 687a, trad. P. Pellegrin, Paris, GF-Flammarion, 2011. Cf. Thomas d'Aquin, Somme théologique, II-II, q. 187, a. 3, ad 1.

3. Avicenne, De anima, V, 1. Cette faculté, appelée traditionnellement l'estimative, est l'élément de connaissance (de savoir-faire) impliqué dans l'instinct des animaux, qui leur permet de reconnaître l'utilité ou la nocivité pour eux-mêmes de quelque chose.

habet solum in communi, quasi eo per rationem valente ex naturalibus principiis ad cognitionem singulorum que necessaria sunt humane vite pervenire. Non est autem possibile quod unus homo ad omnia huiusmodi per suam rationem pertingat; est igitur necessarium homini quod in multitudine vivat, ut unus ab alio adiuvetur, ut diversi in diversis inveniendis per rationem occupentur, puta unus in medicina, alius in hoc et alius in alio.

[4] Hoc etiam evidentissime declaratur per hoc, quod est proprium hominis locutione uti, per quam unus homo aliis suum conceptum totaliter exprimere potest. Alia quidem animalia exprimunt mutuo suas passiones in communi, ut canis iram per latratum, et alia animalia passiones alias diversis modis; magis igitur homo est communicativus alteri quam quodcumque aliud animal quod gregale videtur, ut grus et formica et apis. Hoc ergo considerans Salomon ait : « Melius est esse duos quam unum. Habent enim emolumentum mutue societatis ».

[5] Si igitur naturale est homini quod in societate multorum vivat, necesse est in omnibus esse aliquid per quod multitudo regatur. Multis enim existentibus hominibus et unoquoque id quod est sibi congruum providente, multitudo in diversa dispergeretur, nisi etiam esset aliquid de eo quod ad bonum multitudinis pertinet curam habens; sicut et corpus hominis et

parvenir, par la raison, à partir des principes naturels, à la connaissance des choses singulières nécessaires à la vie humaine. Or, il n'est pas possible qu'un seul homme atteigne la connaissance de toutes les choses de cet ordre par sa seule raison. Il est donc nécessaire à l'homme de vivre en multitude, pour que l'un soit aidé par l'autre et que des hommes différents se chargent des différentes choses qu'il faut découvrir par la raison, par exemple l'un en médecine, l'autre dans ceci, un autre encore dans cela.

[4] Ceci se montre de la façon la plus évidente par le fait que le propre de l'homme est de se servir de la parole, par laquelle un être humain peut exprimer totalement sa pensée aux autres[1]. Certes, les autres animaux s'expriment mutuellement leurs passions, comme le chien exprime sa colère par un aboiement, et les autres espèces leurs diverses passions de diverses manières. L'homme est donc plus communicatif avec autrui que n'importe quel animal grégaire, comme la grue, la fourmi et l'abeille[2]. Considérant cela, Salomon dit ainsi : « Il vaut mieux être deux qu'un seul, car chacun bénéficie de la société de l'autre »[3].

[5] S'il est donc naturel à l'homme de vivre dans la société de plusieurs autres, il est nécessaire qu'il y ait parmi tous les hommes quelque chose par laquelle cette multitude est dirigée. En effet, comme il existe une multiplicité d'hommes et que chacun pourvoit à ce qui lui est conforme, la multitude s'éparpillerait en divers sens, s'il n'y avait pas quelque chose qui prît soin de ce qui regarde le bien de la multitude, de même que le corps de l'homme et de n'importe quel animal se désagrègeraient en l'absence

---

1. Aristote, *Les Politiques*, I, 2, 1253a10-18. *Cf.* Thomas d'Aquin, *Sententia libri Politicorum*, I, 1/b, éd. cit., p. A78-A79.

2. Aristote, *Histoire des animaux*, I, 1, 488a9.

3. Qo 4, 9.

cuiuslibet animalis deflueret nisi esset aliqua vis regitiva communis in corpore, que ad bonum commune omnium membrorum intenderet. Quod considerans Salomon dixit : « Ubi non est gubernator, dissipabitur populus ».

[6] Hoc autem rationabiliter accidit. Non enim idem est quod proprium et quod commune est ; secundum propria quidem differunt, secundum autem commune uniuntur. Diversorum autem diverse sunt cause ; oportet igitur, preter id quod movet ad proprium bonum uniuscuiusque, esse aliquid quod movet ad bonum commune multorum. Propter quod et in omnibus que in unum ordinantur, aliquid invenitur alterius regitivum : in universitate enim corporum per primum corpus, scilicet celeste, alia corpora ordine quodam divine providentie reguntur, omniaque corpora per creaturam rationalem. In uno etiam homine anima regit corpus, atque inter anime partes irascibilis et concupiscibilis ratione reguntur. Itemque inter membra corporis unum est principale quod omnia movet, aut cor aut caput. Oportet igitur esse in omni multitudine aliquod regitivum.

d'une vertu commune directrice qui, dans le corps, tendît au bien commun de tous les membres. Considérant cela, Salomon a dit : « Là où il n'y a pas de gouvernant, le peuple se dispersera » [1].

[6] Or, ceci se produit de manière rationnelle. En effet, ce qui est propre et ce qui est commun ne sont pas identiques : c'est selon les éléments propres que les choses diffèrent, mais selon le commun qu'elles s'unissent. Or, les causes de choses diverses sont diverses. Par conséquent, il faut qu'il y ait, au-delà de ce qui meut chacun vers son propre bien, quelque chose qui meuve vers le bien commun du grand nombre. C'est pourquoi, en toutes choses qui sont ordonnées à une fin, on trouve quelque chose qui dirige le reste [2] : dans l'univers des corps, c'est par un corps premier, à savoir céleste, que les autres corps sont dirigés, selon un certain ordre de la providence divine, et tous les corps le sont par une créature rationnelle [3]. En chaque homme, l'âme aussi dirige le corps, et parmi les parties de l'âme, l'irascible et le concupiscible sont dirigés par la raison [4]. De même, parmi les membres du corps, l'un est le principal qui meut les autres, soit le cœur soit la tête [5]. Il faut donc qu'en toute multitude il y ait quelque chose qui dirige.

1. Pr 11, 14.

2. Cf. *supra*, n. 1, p. 81.

3. *Cf.* Thomas d'Aquin, *Somme contre les Gentils*, III, 23.

4. *Cf.* Thomas d'Aquin, *Somme théologique*, I, q. 81, a. 3, ad 2 et I-II, q. 9, a. 2, ad 3.

5. *Cf.* Thomas d'Aquin, *Sententia libri Metaphysicae*, V, 1, 755.

[7] Contingit autem in quibusdam que ordinantur ad finem et recte et non recte procedere ; quare et in regimine* multitudinis et rectum et non rectum invenitur. Recte autem dirigitur unumquodque quando ad finem convenientem deducitur, non recte autem quando ad finem non convenientem. Alius autem est finis conveniens multitudini liberorum et servorum ; nam liber est qui sui causa est ; servus autem est qui id quod est alterius est. Si igitur liberorum multitudo a regente ad bonum commune multitudinis ordinetur, erit regimen rectum et iustum quale convenit liberis. Si vero non ad bonum commune multitudinis sed ad bonum privatum regentis regimen ordinetur, erit regimen iniustum atque perversum ; unde et Dominus talibus rectoribus comminatur per Ezecheliem dicens : « Vᵉ pastoribus qui pascebant se ipsos », quasi sua propria commoda querentes, « nonne greges a pastoribus pascuntur ? ». Bonum siquidem gregis pastores querere debent, et rectores quique bonum multitudinis sibi subiecte.

[7] Or, il arrive, dans certaines choses ordonnées à une fin, qu'on procède avec rectitude ou sans rectitude ; c'est pourquoi on trouve également dans le gouvernement* de la multitude ce qui est droit et ce qui ne l'est pas [1]. Et, une chose, quelle qu'elle soit, est dirigée avec rectitude lorsqu'elle est conduite vers la fin qui lui convient, et sans rectitude lorsqu'elle l'est vers une fin qui ne lui convient pas. Mais autre est la fin qui convient à une multitude d'hommes libres et à une multitude d'esclaves. L'homme libre, en effet, est celui qui est cause de lui-même [2], mais l'esclave est celui qui est ce qui appartient à un autre. Si donc une multitude d'hommes libres est ordonnée par un dirigeant vers le bien commun de la multitude, alors le gouvernement sera droit et juste, tel qu'il convient aux hommes libres. En revanche, si le gouvernement n'est pas ordonné vers le bien commun de la multitude, mais vers le bien privé du dirigeant, le gouvernement sera injuste et corrompu. C'est pourquoi le Seigneur menace de tels recteurs par la bouche d'Ézéchiel, en disant : « Malheur aux pasteurs qui se paissent eux-mêmes », comme s'ils cherchaient leur propre avantage, « n'est-ce pas les troupeaux qui doivent être menés à paître par les pasteurs ? » [3]. Si les pasteurs doivent rechercher le bien de leur troupeau, chaque recteur doit également viser le bien de la multitude qui lui est soumise.

---

1. Aristote, *Les Politiques*, III, 6, 1279a17 ; *Éthique à Nicomaque*, VIII, 12, 1160a31 *sq. Cf.* Thomas d'Aquin, *Sententia libri Politicorum*, III, 5, éd. cit., p. A202 ; *Sententia libri Ethicorum*, VIII, 10, éd. cit., p. 476.

2. Aristote, *Métaphysique*, I, 982b 25-28, trad. J. Tricot, Paris, Vrin, 1932, rééd. 2003. *Cf.* Thomas d'Aquin, *Somme théologique*, I, q. 96, a. 4 et I-II, q. 108, a. 1, ad 2.

3. Ez 34, 2.

[8] Si igitur regimen iniustum per unum tantum fiat qui sua commoda ex regimine querat, non autem bonum multitudinis sibi subiecte, talis rector tyrannus vocatur nomine a fortitudine derivato, quia scilicet per potentiam* opprimit, non per iustitiam regit; unde et apud antiquos potentes quique tyranni vocabantur. Si vero iniustum regimen non per unum fiat sed per plures, si quidem per paucos oligarchia* vocatur, id est principatus* paucorum, quando scilicet pauci propter divitias opprimunt plebem, sola pluralitate a tyranno differentes. Si vero iniquum regimen exerceatur per multos, democratia* nominatur, id est potentatus populi, quando scilicet populus plebeiorum per potentiam multitudinis opprimit divites : sic enim populus totus erit quasi unus tyrannus.

[9] Similiter autem et iustum regimen distingui oportet. Si enim amministretur per aliquam multitudinem, communi nomine politia* vocatur, utpote cum multitudo bellatorum

[8] Si donc le gouvernement injuste[1] est le fait d'un seul homme qui recherche, en gouvernant, son propre avantage et non le bien de la multitude qui lui est soumise, on appelle ce recteur un tyran, qui est un nom qui dérive de la force[2], parce qu'il opprime par la puissance*, au lieu de diriger par la justice ; aussi les Anciens appelaient-ils tyrans les puissants. Mais si le gouvernement injuste n'est pas le fait d'un seul, mais de plusieurs, s'il est le fait de quelques-uns, on l'appelle oligarchie*, c'est-à-dire l'exercice du pouvoir* par quelques-uns, à savoir quand un petit nombre d'hommes opprime la plèbe en raison de leur richesse, ils ne se distinguent du tyran que par le fait qu'ils sont plusieurs. Mais si le gouvernement inique est exercé par un très grand nombre, on l'appelle démocratie*, c'est-à-dire la suprématie du peuple, à savoir quand le peuple des plébéiens opprime les riches par la puissance de la multitude, ainsi, en effet, tout le peuple sera comme un seul tyran.

[9] De même, il faut distinguer les gouvernements justes[3]. Si le gouvernement juste est administré par une multitude, on l'appelle du nom commun de constitution politique*, comme lorsqu'une multitude de guerriers

---

1. Sur les formes de gouvernements injustes, voir Aristote, *Éthique à Nicomaque*, VIII, 12, 1160a36-1160b21 et *Les Politiques*, III, 6, 1279a19-21 ; III, 7, 1279b5-10. *Cf.* Thomas d'Aquin, *Sententia libri Ethicorum*, VIII, 10, éd. cit., p. 477-478 ; *Sententia libri Politicorum*, III, 5, éd. cit., p. A202 et III, 6, p. A204.

2. Isidore, *Etymologies*, IX, chap. 3, éd. et trad. M. Reydellet, Paris, Les Belles Lettres, 1984. Ici nous avons traduit exceptionnellement *fortitudo* par force, plutôt que courage, à cause du sens.

3. Sur les formes de gouvernement justes, voir Aristote, *Éthique à Nicomaque*, VIII, 12, 1160a31-b21 et *Les Politiques*, III, 6, 1279a9-18 ; III, 7, 1279a22-b4. *Cf.* Thomas d'Aquin, *Sententia libri Ethicorum*, VIII, 10, éd. cit., p. 476-478 ; *Sententia libri Politicorum*, III, 5, éd. cit., p. A202 et III, 6, p. A203-204.

in civitate vel provincia dominatur. Si vero amministretur per paucos, virtuosos autem, huiusmodi regimen aristocratia* vocatur, id est potentatus optimus, vel optimorum, qui propter hoc optimates dicuntur. Si vero iustum regimen ad unum tantum pertineat, ille proprie rex vocatur : unde Dominus per Ezechielem dicit : « Servus meus David rex super eos erit et pastor unus erit omnium eorum ». Ex quo manifeste ostenditur quod de ratione regis est quod sit unus qui presit, et quod sit pastor bonum commune multitudinis et non suum querens.

[10] Cum autem homini competat in multitudine vivere, quia sibi non sufficit ad necessaria vite si solitarius maneat, oportet quod tanto sit perfectior multitudinis societas quanto magis per se sufficiens erit ad necessaria vite. Habetur siquidem aliqua vite sufficientia in una familia domus unius, quantum scilicet ad naturales actus nutritionis et generande prolis et aliorum huiusmodi ; in uno autem vico, quantum ad ea que ad unum artificium pertinent ; in civitate vero, que est perfecta communitas, quantum ad omnia necessaria vite ; sed adhuc magis in provincia una, propter necessitatem compugnationis et mutui auxilii contra hostes. Unde qui perfectam communitatem regit, id est civitatem

domine dans une cité ou dans une province. Mais s'il est administré par un petit nombre d'hommes vertueux, on appelle ce type de gouvernement aristocratie*, c'est-à-dire la meilleure suprématie ou suprématie des meilleurs, et ces derniers sont appelés pour cette raison les notables. Mais si le gouvernement juste appartient à un seul, cet homme est appelé de manière spécifique roi, c'est pourquoi le Seigneur dit par la bouche d'Ézéchiel : « Mon serviteur David sera roi au-dessus d'eux, et il sera l'unique pasteur de tous » [1]. D'où il ressort manifestement qu'il appartient à la définition même du roi qu'il n'y ait qu'un seul qui commande, et qu'il soit un pasteur recherchant le bien commun de la multitude et non son bien propre.

[10] Or, comme il appartient à l'homme de vivre en multitude, parce que, s'il demeure seul, il ne se suffit pas à lui-même quant aux choses nécessaires à sa vie, il s'ensuit qu'une société de la multitude est d'autant plus parfaite qu'elle subviendra davantage par elle-même aux nécessités de la vie [2]. Si une seule famille, vivant dans une seule maison, subvient à certains besoins vitaux, quant à ce qui se rapporte aux actes naturels de nutrition et de génération, ou à d'autres choses de ce genre, si dans un seul quartier, on ne se suffit que pour les besoins qui correspondent à une seule corporation, la cité, en revanche, qui est la communauté parfaite, fournit tout ce qui est nécessaire à la vie, et c'est encore davantage le cas dans une province, en raison de la nécessité de la guerre et de l'aide réciproque contre les ennemis. C'est pourquoi celui qui régit une communauté parfaite, c'est-à-dire une cité

---

1. Ez 34, 23.
2. Aristote, *Les Politiques*, I, 2, 1252b27-30. *Cf.* Thomas d'Aquin, *Sententia libri Politicorum*, I, 1/b, éd. cit., p. A77-A78.

vel provinciam, antonomastice rex vocatur ; qui autem domum regit, non rex sed paterfamilias dicitur, habet tamen aliquam similitudinem regis, propter quam aliquando reges patres populorum nominantur.

[11] Ex dictis igitur patet, quod rex est qui unus multitudinem civitatis vel provincie et propter bonum commune regit : unde Salomon dicit : « universe terre rex imperat servienti ».

[4] Qui plus est : ce qui est selon la nature est ce qui est le mieux disposé, car la nature opère en chaque chose ce qui est le meilleur. Or, tout gouvernement naturel est celui d'un seul[1] ; en effet, dans la multitude des membres du corps, il y en a un seul qui les meut principalement, à savoir le cœur, et au sein des parties de l'âme, il y a une seule puissance[2] qui commande principalement, à savoir la raison, tout comme il n'y a qu'une seule reine[3] chez les abeilles et qu'un seul Dieu, créateur et recteur de toutes choses, dans la totalité de l'univers. Et ceci est selon la raison, car toute multitude dérive de l'un[4]. C'est pourquoi, si les choses artificielles imitent celles de la nature, et qu'une œuvre d'art est d'autant meilleure qu'elle atteint davantage de similitude avec ce qui est dans la nature[5], il est nécessaire que, pour la multitude humaine, il soit meilleur d'être dirigée par un seul.

[5] Ceci apparaît également par l'expérience. En effet, les provinces ou les cités qui ne sont pas dirigées par un seul homme souffrent de dissensions et s'éloignent de la paix, de sorte que semble accomplie la plainte que le

1. *Cf.* Thomas d'Aquin, *Somme contre les Gentils*, I, 42.

2. Dans les contextes où le propos renvoie directement au domaine de la psychologie, de l'âme et de ses facultés, nous avons traduit *virtus* par puissance, plutôt que vertu.

3. Le texte latin dit « un seul roi ». Cf. *Decretum Magistri Gratiani*, C. VII, q. I, c. XLI, dans *Corpus iuris canonici*, vol. 1, Leipzig, Bernhard Tauchnitz, 1879, col. 582 : « In apibus princeps unus est ».

4. Cette célèbre maxime thomasienne, mais que l'on rattache à la tradition néoplatonicienne, est exprimée en d'autres termes, par exemple, par Pseudo Denys l'Aréopagite, *Les Noms divins*, XIII, 3, trad. M. de Gandillac, dans *Œuvres complètes*, Paris, Aubier, 1989, ou par Proclus, *Elementatio theologica translata a Guillelmo de Morbecca*, prop. 1, éd. H. Boese, Leuven, Leuven University Press, 1987.

5. Aristote, *Physique*, II, 2, 194a 21, trad. A. Stevens, Paris, Vrin, 2012. *Cf.* Thomas d'Aquin, *Sententia libri Politicorum, Prologus*, éd. cit., p. A69a.

Dominus per prophetam conqueritur dicens : « Pastores multi demoliti sunt vineam ». E contrario vero provincie et civitates que sub rege uno reguntur pace gaudent, iustitia florent et affluentia rerum letantur : unde Dominus pro magno munere per prophetas populo suo promittit quod ponet sibi caput unum et quod « princeps unus erit in medio eorum ».

Seigneur fait dire par le Prophète : « Les pasteurs ont, en raison de leur nombre, détruit ma vigne » [1]. Au contraire, les provinces et les cités qui sont dirigées par un seul roi jouissent de la paix, fleurissent dans la justice et se réjouissent dans l'abondance, d'où la promesse du Seigneur faite, par la bouche des prophètes, à son peuple d'accorder comme grande récompense de ne mettre à sa tête qu'un seul chef, et qu'« un seul prince sera parmi eux » [2].

1. Jr 12, 10.
2. Ez 34, 24 ; Jr 30, 21.

QUOD REGIMEN TYRANNI EST PESSIMUM

[1] Sicut autem regimen regis est optimum, ita regimen tyranni est pessimum. Opponitur enim politie quidem democratia, utrumque enim, sicut ex dictis apparet, est regimen quod per plures exercetur; aristocratie vero oligarchia, utrumque enim exercetur per paucos; regnum autem tyranno*, utrumque enim per unum exercetur. Quod autem regnum sit optimum regimen, ostensum est prius; si igitur optimo opponitur pessimum, necesse est quod tyrannis sit pessimum.

[2] Adhuc, virtus unita magis est efficax ad effectum inducendum quam dispersa vel divisa : multi enim congregati simul trahunt illud quod divisim per partes singulariter a singulis trahi non posset. Sicut igitur utilius est virtutem operantem ad bonum esse magis unam,

CHAPITRE 3

LE GOUVERNEMENT TYRANNIQUE
EST LE PIRE DES GOUVERNEMENTS

[1] De même que le gouvernement du roi est le meilleur, le gouvernement du tyran est le pire. À la constitution politique s'oppose, en effet, la démocratie, l'une et l'autre étant, comme il est évident d'après ce qu'on a dit[1], un gouvernement exercé par plusieurs ; à l'aristocratie s'oppose l'oligarchie, toutes deux exercées par un petit nombre ; à la royauté s'oppose la tyrannie*, toutes deux gouvernées par un seul. On a montré précédemment[2] que la royauté était le meilleur gouvernement ; si donc le meilleur s'oppose au pire[3], il est nécessaire que la tyrannie soit le pire des gouvernements.

[2] En outre, une vertu unie est plus efficace pour conduire à un effet qu'une vertu dispersée ou divisée. En effet, beaucoup d'hommes réunis tirent ensemble ce qu'ils ne pourraient pas tirer séparément, même si chacun n'en prenait qu'une partie. Ainsi, de même qu'il est plus utile qu'une vertu opérant en vue du bien soit plus une,

---

1. Cf. *supra*, chap. i, 1, § 8-9.
2. Cf. *supra*, chap. i, 2.
3. Aristote, *Éthique à Nicomaque*, VIII, 12, 1160b8-9.

ut sit virtuosior ad operandum bonum, ita magis est noxium si virtus operans malum sit una quam divisa. Virtus autem iniuste presidentis operatur ad malum multitudinis, dum commune bonum multitudinis in sui ipsius bonum tantum retorquet. Sicut igitur in regimine iusto quanto regens est magis unum, tanto est utilius regimen, ut regnum utilius est quam aristocratia, aristocratia vero quam politia : ita e contrario erit et in iniusto regimine, ut videlicet quanto regens est magis unum, tanto magis sit noxium. Magis igitur est noxia tyrannis quam oligarchia, oligarchia autem quam democratia.

[3] Amplius, per hoc regimen fit iniustum quod, spreto bono communi multitudinis, queritur bonum privatum regentis ; quanto igitur magis receditur a bono communi, tanto est regimen magis iniustum. Plus autem receditur a bono communi in oligarchia, in qua queritur bonum paucorum, quam in democratia, in qua queritur bonum multorum ; et adhuc plus receditur a bono communi in tyrannide, in qua queritur bonum unius tantum : omni enim universitati propinquius est multum quam paucum, et paucum quam unum solum ; regimen igitur tyranni est iniustissimum.

[4] Simul autem manifestum fit considerantibus divine providentie ordinem, que optime universa disponit. Nam bonum provenit in rebus ex una causa perfecta, quasi omnibus adunatis que ad bonum iuvare possunt, malum

de sorte qu'elle soit plus efficace à opérer le bien, de même il est plus nuisible qu'une vertu opérant en vue du mal soit Une plutôt que divisée. Or, la vertu de celui qui préside injustement opère en vue du mal de la multitude, en détournant le bien commun de la multitude vers son seul bien propre. Donc, de même que dans le gouvernement juste, le gouvernement est d'autant plus utile que celui qui le dirige est plus un – de sorte que la royauté est plus utile que l'aristocratie, et l'aristocratie plus que la constitution politique –, aussi, inversement, en sera-t-il pour le gouvernement injuste, à savoir que plus celui qui le gouverne aura d'unité, plus il sera nuisible. La tyrannie est donc plus nuisible que l'oligarchie, et l'oligarchie plus que la démocratie.

[3] De plus, un gouvernement devient injuste du fait qu'au mépris du bien commun de la multitude, c'est le bien privé du dirigeant qui est recherché. Par conséquent, plus un gouvernement s'éloigne du bien commun, plus il est injuste. Or, dans l'oligarchie, qui recherche le bien de quelques-uns, on s'éloigne davantage du bien commun que dans la démocratie, qui recherche le bien du plus grand nombre ; et dans la tyrannie, on s'en éloigne encore davantage, puisqu'elle ne recherche le bien que d'un seul homme. En effet, le plus grand nombre est plus proche de l'universalité que le petit nombre, et le petit nombre en est plus proche qu'un seul homme. Donc, la tyrannie est le gouvernement le plus injuste.

[4] Or, ceci serait aussi manifeste en considérant l'ordre de la providence divine qui dispose toute chose de façon optimale. En effet, le bien dans les choses provient d'une seule cause parfaite, comme si tous les éléments qui peuvent concourir au bien se réunissaient, alors que le mal

autem singillatim ex singularibus defectibus. Non enim est pulchritudo in corpore nisi omnia membra fuerint decenter disposita; turpitudo autem contingit quodcumque membrum inconvenienter se habeat. Et sic turpitudo ex pluribus causis diversimode provenit, pulchritudo autem uno modo ex una causa perfecta; et sic est in omnibus bonis et malis, tamquam hoc Deo providente ut bonum ex una causa sit fortius, malum autem ex pluribus causis sit debilius. Expedit igitur ut regimen iustum sit unius tantum ad hoc quod sit fortius; quod si a iustitia declinat regimen, expedit magis quod sit multorum, ut sit debilius et se invicem impediant. Inter iniusta igitur regimina tolerabilius est democratia, pessimum vero tyrannis.

[5] Idem etiam maxime apparet si quis consideret mala que ex tyrannis proveniunt; quia cum tyrannus contempto communi bono querit privatum, consequens est ut subditos diversimode gravet secundum quod diversis passionibus subiacet ad bona aliqua affectanda. Qui enim passione cupiditatis detinetur, bona subditorum rapit; unde Salomon : « Rex iustus erigit terram, vir avarus destruet eam ». Si vero iracundie passioni subiaceat, pro nichilo sanguinem fundit, unde per Ezecheliem : « Principes eius in medio eius quasi lupi rapientes predam ad effundendum sanguinem ». Hoc igitur regimen fugiendum esse

provient des défauts singuliers pris isolément[1]. En effet, la beauté d'un corps n'existe que si tous ses membres sont convenablement disposés, alors que la laideur advient dès qu'un membre quelconque n'a pas sa configuration convenable. Ainsi, la laideur provient de multiples causes et ce de plusieurs manières, alors que la beauté ne procède que d'une seule cause parfaite et d'une seule manière. Il en va de même de tous les biens et de tous les maux, comme si Dieu pourvoyait à ce que le bien, qui ne provient que d'une seule cause, soit plus fort, et le mal, qui dérive de plusieurs causes, soit plus faible. Pour que le gouvernement juste soit plus fort, il est donc préférable qu'il soit exercé par un seul. Et si un tel gouvernement s'éloigne de la justice, il est préférable qu'il soit le fait de plusieurs, de sorte qu'il soit plus faible et que les dirigeants s'entravent réciproquement. Parmi les gouvernements injustes, le plus tolérable est donc la démocratie, et le pire, la tyrannie.

[5] De même, ceci apparaît encore clairement si on considère les maux qui proviennent des tyrans. Puisque, en effet, le tyran recherche son bien privé au mépris du bien commun, il s'ensuit qu'il accable ses sujets de diverses manières selon qu'il est soumis à diverses passions qui le poussent à désirer certains biens. En effet, celui qui est en proie à la cupidité ravit les biens de ses sujets, d'où cette parole de Salomon : « Un roi juste fait la grandeur d'une terre, un roi avare la détruit »[2]. Si le tyran est soumis à la colère, alors il verse le sang pour un rien, d'où ce que dit Ezéchiel : « Les princes sont au milieu d'Israël, comme des loups ravissant leur proie pour en faire couler le sang »[3]. Il faut donc fuir un tel gouvernement,

1. Pseudo Denys l'Aréopagite, *Les Noms divins*, IV, 30.
2. Pr 29, 4.
3. Ez 22, 27.

Sapiens monet dicens : « Longe esto ab homine potestatem* habente occidendi », quia scilicet non pro iustitia sed per potestatem occidit pro libidine voluntatis. Sic igitur nulla potest esse securitas, sed omnia sunt incerta cum a iure disceditur ; nec firmari quidquam potest quod positum est in alterius voluntate, ne dicam libidine.

[6] Nec solum in corporalibus subditos gravat, sed etiam spiritualia eorum bona impedit. Quia enim plus preesse appetunt quam prodesse, omnem profectum subditorum impediunt, suspicentes omnem subditorum excellentiam sue inique dominationis preiudicium esse : tyrannis enim magis boni quam mali suspecti sunt, semperque hiis aliena virtus formidolosa est. Conantur igitur predicti tyranni ne ipsorum subditi virtuosi effecti magnanimitatis concipiant spiritum et eorum iniquam dominationem non ferant. Conantur etiam ne inter subditos amicitie fedus firmetur et pacis emolumento ad invicem gaudeant, ut sic, dum unus de altero non confidit, contra eorum dominium* aliquid moliri non possint. Propter quod inter ipsos subditos discordias seminant, exortas nutriunt, et ea que ad confederationes hominum pertinent ut connubia et convivia prohibent, et cetera huiusmodi per que inter homines solet familiaritas et fiducia generari.

comme le conseille le Sage, en disant : « Tiens-toi loin de l'homme qui a le pouvoir* de tuer »[1], du fait qu'il emploie ce pouvoir de tuer non en vue de la justice, mais selon le désir de sa volonté. Il ne peut donc plus y avoir de sécurité, car toute chose est incertaine, dès qu'on s'éloigne du droit, et on ne peut pas s'appuyer sur ce qui repose sur la volonté – pour ne pas dire le désir – d'un autre.

[6] Ce n'est pas seulement dans les choses corporelles que le tyran opprime ses sujets, mais il entrave aussi leurs biens spirituels[2]. En effet, ceux qui désirent plus commander qu'être utiles empêchent tout progrès de leurs sujets, soupçonnant en toute excellence de leurs sujets un préjudice à leur domination inique. Pour les tyrans, en effet, les bons sont plus suspects que les méchants, et la vertu des autres leur semble toujours un motif de crainte[3]. Les tyrans dont nous parlons s'efforcent donc d'empêcher que leurs sujets, devenus vertueux, ne développent tout esprit de magnanimité et ne supportent plus leur domination inique ; ils s'opposent aussi à ce que des pactes d'amitié soient stabilisés entre leurs sujets et que ceux-ci ne jouissent de l'avantage réciproque de la paix, de sorte que personne n'ayant confiance en aucun autre, il ne soit plus possible d'entreprendre quelque chose contre leur seigneurie*. À cette fin, ils sèment des discordes entre les sujets eux-mêmes et les alimentent lorsqu'elles naissent ; ils interdisent tout ce qui tend à fédérer les hommes, comme les mariages et les banquets, et toutes les choses de ce genre qui font habituellement naître l'amitié et la confiance entre les hommes.

---

1. Sir 9, 18.

2. Aristote, *Les Politiques*, V, 11, 1313a35-b29.

3. Salluste, *La Conjuration de Catilina*, 7, 2, trad. A. Ernout, Paris, Les Belles Lettres, 1999.

Conantur etiam ne potentes aut divites fiant, quia de subditis secundum sue malitie conscientiam suspicantes, sicut ipsi potentia et divitiis ad nocendum utuntur, ita timent ne potentia et divite subditorum eis nociva reddantur. Unde in Iob de tyranno dicitur : « Sonitus terroris semper in auribus illius, et cum pax sit », nullo scilicet ei malum intemptante, « ille semper insidias suspicatur ».

[7] Ex hoc autem contingit ut, dum presidentes, qui subditos ad virtutes inducere deberent, virtuti subditorum nequiter invident et eam pro posse impediunt, sub tyrannis pauci virtuosi inveniantur. Nam, iuxta sententiam Aristotilis, apud illos inveniuntur fortes viri apud quos fortissimi quique honorantur; et ut Tullius dicit : « Iacent semper et parum vigent que apud quosque improbantur ». Naturale etiam est ut homines sub timore nutriti in servilem degenerent animum et pusillanimes fiant ad omne virile opus et strenuum : quod experimento patet in provinciis que diu sub tyrannis fuerunt; unde Apostolus ad Colossenses dicit :

Ils font aussi en sorte que leurs sujets ne deviennent pas puissants ou riches. Ils craignent, en effet, que la puissance et les richesses de leurs sujets ne leur deviennent nuisibles, les suspectant d'après la conscience qu'ils ont de leur propre malice, du fait qu'eux-mêmes usent de leur puissance et de leur richesse pour nuire. Ainsi, dans Job il est dit du tyran : « À ses oreilles bruissent toujours un bruit de terreur, et en temps de paix », c'est-à-dire si personne n'a l'intention de lui faire du mal, « il suspecte toujours des trahisons » [1].

[7] Il découle de ceci que, puisque les dirigeants, qui devraient conduire leurs sujets vers les vertus [2], jalousent de manière ignoble leurs sujets vertueux et les empêchent, autant qu'ils le peuvent, de parvenir à la vertu, on ne trouve que peu d'hommes vertueux sous les tyrans. En effet, selon la sentence d'Aristote, on trouve des hommes courageux sous <les dirigeants> qui honorent tous ceux qui sont les plus courageux [3], et comme le dit Cicéron : « Elles sont toujours gisantes et elles ont peu de force les vertus qui sont désavouées par chacun » [4]. Il est aussi naturel que les hommes, élevés dans la peur, dégénèrent jusqu'à avoir un esprit servile et deviennent timorés à l'égard de toute œuvre virile et énergique, ce que l'expérience montre dans les provinces qui furent longtemps sous le joug des tyrans. D'où les paroles de l'Apôtre aux Colossiens :

1. Jb 15, 21.

2. Aristote, *Éthique à Nicomaque*, II, 1, 1103b3. *Cf.* Thomas d'Aquin, *Sententia libri Ethicorum*, II, 1, éd. cit., p. 78 ; *Somme théologique*, I-II, q. 95, a. 1.

3. Aristote, *Éthique à Nicomaque*, III, 11, 1116a20. *Cf.* Thomas d'Aquin, *Sententia libri Ethicorum*, III, 16, éd. cit., p. 169.

4. Cicéron, *Les Tusculanes*, I, II, 4, éd. G. Fohlen, trad. J. Humbert, Paris, Les Belles Lettres, 1931, 5ᵉ éd., 1997.

« Patres, nolite ad indignationem provocare filios vestros ut non pusillo animo fiant ».

[8] Hec igitur nocumenta tyrannidis rex Salomon considerans dicit : « Regnantibus impiis ruine hominum », quia scilicet per nequitiam tyrannorum subiecti a virtutum perfectione deficiunt. Et iterum dicit : « Cum impii sumpserint principatum gemet populus », quasi sub servitute redactus; et iterum : « Cum surrexerint impii abscondentur homines », ut tyrannorum crudelitatem evadant. Nec est mirum, quia homo absque ratione secundum animi sui libidinem presidens nichil differt a bestia; unde Salomon dicit : « Leo rugiens et ursus esuriens, princeps impius super populum pauperem » ; et ideo a tyrannis se abscondunt homines sicut a crudelibus bestiis, idemque videtur tyranno subici et bestie sevienti substerni.

« Pères, ne provoquez pas l'indignation chez vos fils, de crainte qu'ils ne deviennent pusillanimes »[1].

[8] C'est la considération des méfaits de la tyrannie qui fait donc dire au roi Salomon : « Quant les impies règnent, c'est la ruine des hommes »[2], car les sujets abandonnent la perfection des vertus à cause de la malignité des tyrans ; et il ajoute : « Quand les impies se sont emparés de l'exercice du pouvoir, le peuple gémit »[3], comme s'il était réduit en servitude ; et à nouveau : « Quand les impies se sont dressés, les hommes se cachent »[4], afin d'éviter la cruauté des tyrans. Ce n'est pas étonnant, du reste, car l'homme qui dirige sans égard pour la raison, en suivant le désir de son âme, ne diffère en rien d'une bête, d'où les paroles de Salomon : « Un lion rugissant et un ours affamé, voici le prince impie sur le pauvre peuple »[5]. C'est pourquoi les hommes se cachent des tyrans comme des bêtes cruelles, et il semble que ce soit la même chose d'être soumis à un tyran que d'être la proie d'une bête furieuse.

1. Col 3, 21.
2. Pr 28, 12.
3. Pr 29, 2.
4. Pr 28, 28.
5. Pr 28, 15.

QUARE SUBDITIS REGIA DIGNITAS
REDDITUR ODIOSA

[1] Quia igitur optimum et pessimum regimen existit in monarchia, id est principatu unius, multis quidem propter tyrannorum malitiam redditur regia dignitas odiosa ; quidam vero dum regimen regis desiderant, incidunt in sevitias tyrannorum, rectoresque quam plures tyrannidem exercent sub pretextu regis dignitatis.

[2] Horum quidem exemplum evidenter apparet in Romana republica. Regibus enim a populo Romano expulsis, dum regium vel potius tyrannicum fastum ferre non possent, instituerunt sibi consules et alios magistratus per quos regi ceperunt et dirigi, regnum in aristocratiam commutare volentes ; et, sicut refert Salustius : « incredibile est memoratu quantum adepta libertate in brevi Romana civitas creverit ». Plerumque namque contingit ut homines

CHAPITRE 4

POURQUOI LA DIGNITÉ ROYALE
PEUT DEVENIR ODIEUSE AUX SUJETS

[1] Parce que le meilleur et le pire gouvernement coexistent dans la monarchie, qui est l'exercice du pouvoir par un seul, la dignité royale est rendue odieuse à beaucoup à cause de la méchanceté des tyrans. Certains, il est vrai, alors qu'ils recherchent le gouvernement royal, tombent sur les cruautés des tyrans, et bien trop de recteurs, sous le prétexte de la dignité royale, exercent une tyrannie.

[2] L'exemple de tels hommes apparaît de manière évidente dans la République romaine. En effet, après avoir chassé les rois, dont il ne pouvait plus supporter l'arrogance royale ou plutôt tyrannique, le peuple romain s'était donné des consuls et d'autres magistrats par qui il commença d'être régi et dirigé [1]; il voulait en effet commuer la royauté en aristocratie et, comme le rapporte Salluste : « il est incroyable de se souvenir combien, une fois sa liberté conquise, la cité de Rome s'est rapidement développée » [2]. Il arrive souvent, en effet, que les hommes

---

1. Augustin, *La Cité de Dieu*, V, 12.
2. Salluste, *La Conjuration de Catilina*, 7, 3, cité par Augustin, *La Cité de Dieu* V, 12.

sub rege viventes segnius ad bonum commune nitantur, utpote estimantes id quod ad commune bonum impendunt non sibi ipsis conferre, sed alteri sub cuius potestate vident esse bona communia. Cum vero bonum commune non vident esse in potestate unius, non attendunt ad bonum commune quasi ad id quod est alterius, sed quilibet attendit ad illud quasi suum ; unde experimento videtur quod una civitas per annuos rectores administrata, plus potest interdum quam rex aliquis si haberet tres vel quatuor civitates, parvaque servitia exacta a regibus gravius feruntur quam magna onera si a communitate civium imponantur. Quod in promotione Romane reipublice servatum fuit. Nam plebs et ad militiam scribebatur et pro militantibus stipendia exsolvebat, et cum stipendiis exsolvendis non sufficeret commune erarium, « in usus publicos opes venere privatos, adeo ut preter singulos annulos aureos singulasque bullas, que erant dignitatis insignia, nichil sibi auri etiam senatus ipse reliquerit ».

[3] Sed tamen dissensionibus fatigabantur continuis, que usque ad bella civilia excreverunt; quibus bellis civilibus eis libertas ad quam multum studuerant, de manibus erepta est, sub potestate imperatorum esse ceperunt, qui se reges a principio appellare a principio noluerunt quia Romanis fuerat nomen regium odiosum. Horum autem quidam more regio bonum commune fideliter procuraverunt, per quorum studium Romana respublica

qui vivent sous un roi s'investissent assez mollement en vue du bien commun, parce qu'ils estiment que leurs efforts en vue du bien commun ne leur apportent rien à eux-mêmes, mais à un autre sous le pouvoir de qui ils voient les biens communs. Par contre, lorsqu'ils ne voient pas que le bien commun est au pouvoir d'un seul, ils ne se rapportent pas au bien commun comme s'il appartenait à un autre, mais chacun s'y rapporte comme à son bien propre [1], d'où l'on voit par expérience qu'une seule cité, administrée par des recteurs élus pour un an, est parfois plus puissante qu'un roi qui possède trois ou quatre de ces cités. Les petits services qu'on accomplit pour les rois pèsent souvent plus lourds que de grandes charges imposées par la communauté des citoyens, ce qui fut observé au cours du développement de la République romaine. En effet, la plèbe était enrôlée dans l'armée et on payait une solde aux combattants ; et comme le trésor public ne suffisait pas à payer ces soldes, « les richesses privées servirent aux besoins publics, de sorte qu'à part leurs seuls anneaux d'or et leurs bulles, qui étaient les insignes de leur dignité, les sénateurs ne conservèrent pour eux-mêmes rien d'autre qui ne fût en or » [2].

[3] Cependant, comme ils étaient épuisés par des dissensions continuelles qui s'amplifièrent jusqu'aux guerres civiles, dans lesquelles la liberté, qu'ils avaient si ardemment désirée, leur fut arrachée des mains, ils tombèrent sous le pouvoir des empereurs, qui refusèrent au début de se faire appeler rois, en raison de la haine que ce nom de roi inspirait aux Romains. Certes, certains empereurs s'occupèrent fidèlement du bien commun, à la manière d'un roi, et grâce à leur soin, la République romaine

1. *Cf.* Thomas d'Aquin, *Somme théologique*, I-II, q. 105, a. 1.
2. Augustin, *La Cité de Dieu*, III, 19.

et aucta et conservata est; plurimi vero eorum in subditos quidem tyranni, ad hostes vero effecti desides et imbelles, Romanam rempublicam ad nichilum redegerunt.

[4] Similis etiam processus fuit in populo Hebreorum. Primo quidem dum sub iudicibus regebantur, undique diripiebantur ab hostibus; unusquisque quod bonum erat in oculis suis faciebat. Regibus vero eis divinitus datis ad eorum instantiam, propter regum malitiam a cultu unius Dei recesserunt et finaliter in captivitatem sunt ducti.

[5] Utrinque igitur pericula imminent, sive dum timetur tyrannus evitetur regis optimum regimen, sive dum hoc desideratur potestas regia in malitiam tyrannicam convertatur.

prospéra et se conserva. Mais la plupart d'entre eux, tels des tyrans à l'égard de leurs sujets, alors même qu'ils se montrèrent faibles et incapables face à leurs ennemis, réduisirent à rien la République romaine.

[4] Une même évolution se retrouve chez le peuple des Hébreux. Tout d'abord, tant qu'ils étaient gouvernés par des juges, ils étaient de tous côtés menacés par leurs ennemis, car chacun faisait ce qui semblait bon à ses yeux [1]. Mais lorsqu'ils obtinrent de Dieu des rois, selon leur requête [2], à cause de la méchanceté des rois, ils s'écartèrent du culte du Dieu unique et furent finalement conduits en captivité.

[5] Des deux côtés, il y a donc du péril : soit, par crainte d'un tyran, on évite le meilleur gouvernement, celui du roi, soit, alors qu'on désire le pouvoir royal, il peut se transformer en tyrannie néfaste.

---

1. 1R 3, 18.
2. 1R 12, 13.

QUOD MINUS MALUM EST CUM MONARCHIA IN TYRANNIDEM CONVERTITUR QUAM CUM REGIMEN PLURIUM OPTIMATUM CORRUMPITUR

[1] Cum autem inter duo ex quorum utroque periculum imminet eligere oportet, illud potissime eligendum est ex quo sequitur minus malum. Ex monarchia autem, si in tyrannidem convertatur, minus malum sequitur quam ex regimine plurium optimatum quando corrumpitur. Dissensio enim que plurimum sequitur ex regimine plurium contrariatur bono pacis, quod est precipuum in multitudine sociali; quod quidem bonum per tyrannidem non tollitur, sed aliqua particularium hominum bona impediuntur, nisi fuerit excessus tyrannidis quod in totam communitatem deseviat. Magis igitur preoptandum est unius regimen quam multorum, quamvis ex utroque sequantur pericula.

Chapitre 5

LA TRANSFORMATION DE LA MONARCHIE
EN TYRANNIE EST UN MOINDRE MAL
EN COMPARAISON DE LA CORRUPTION
DU GOUVERNEMENT
DE PLUSIEURS NOTABLES

[1] Lorsqu'il faut choisir entre deux choses, qui chacune conduise à un danger, il semble qu'il faille par-dessus tout choisir celle d'où suit le moindre mal. Or, si la monarchie se transforme en tyrannie, il s'ensuit moins de mal que d'un gouvernement de plusieurs notables, lorsqu'il se corrompt. En effet, la discorde qui provient généralement du gouvernement de plusieurs est contraire au bien de la paix, qui est le bien principal d'une multitude sociale. Or, la tyrannie ne supprime pas ce bien, mais elle entrave quelques biens d'hommes particuliers, sauf dans le cas d'un excès de tyrannie qui sévirait sur la totalité de la communauté. On doit donc préférer le gouvernement d'un seul à celui de plusieurs, bien que les deux soient suivis de dangers.

[2] Adhuc, illud magis fugiendum videtur ex quo pluries sequi possunt magna pericula; frequentius autem sequuntur maxima pericula multitudinis ex multorum regimine quam ex regimine unius. Plerumque enim contingit ut ex pluribus aliquis ab intentione communis boni deficiat, quam quod unus tantum. Quicumque autem ex pluribus presidentibus divertat ab intentione communis boni, dissensionis periculum multitudini subditorum imminet, quia dissentientibus principibus consequens est ut in multitudine sequatur dissensio. Si vero unus presit, plerumque quidem ad bonum commune respicit; ac si a bono communi intentionem avertat, non statim sequitur ut totaliter ad subditorum oppressionem intendat, quod est excessus tyrannidis et in malitia regiminis maximum gradum tenens, ut supra ostensum est. Magis igitur sunt fugienda pericula que proveniunt ex regimine plurium quam ea que proveniunt ex gubernatione unius.

[3] Amplius, non minus contingit in tyrannidem verti regimen multorum quam unius, sed forte frequentius. Exorta namque dissensione per regimen plurium, contingit sepe unum alios superare et sibi soli multitudinis dominium usurpare : quod quidem ex hiis que pro tempore fiunt manifeste inspici potest. Nam fere omne multorum regimen

[2] De plus, il semble qu'il faille davantage fuir le gouvernement de plusieurs, duquel de grands dangers peuvent fréquemment résulter. Or, les plus grands dangers à l'encontre de la multitude découlent plus souvent du gouvernement du grand nombre que de celui d'un seul. En effet, il arrive plus fréquemment – que lorsqu'il n'y a qu'un seul dirigeant – qu'un dirigeant, parmi les nombreux qui sont au pouvoir, se détourne de la recherche du bien commun. Or, lorsqu'un membre quelconque de ces nombreux dirigeants se détourne de la recherche du bien commun, c'est, pour la multitude des sujets, un danger menaçant de dissension, parce que, quand entre les chefs règne la dissension, il s'ensuit qu'elle s'établit aussi dans la multitude. Mais si un seul homme préside, il vise, la plupart du temps du moins, le bien commun ; et, s'il se détourne de la recherche du bien commun, il ne s'ensuit pas aussitôt qu'il tende à l'oppression de ses sujets, ce qui correspond à l'excès de la tyrannie et au degré ultime de perversion d'un gouvernement, comme nous l'avons montré auparavant [1]. Il faut donc plutôt fuir les dangers qui proviennent du gouvernement de plusieurs que ceux qui proviennent du gouvernement d'un seul homme.

[3] En outre, il n'est pas moins rare que le gouvernement de plusieurs dégénère en tyrannie qu'il est le cas pour le gouvernement d'un seul, mais peut-être encore plus souvent. En effet, quand la discorde est née au sein d'un gouvernement de plusieurs, il arrive souvent que l'un d'entre eux s'élève au-dessus des autres et usurpe à lui seul la seigneurie de la multitude, ce que l'on peut constater manifestement, en regardant ce qui s'est passé au cours de l'Histoire. En effet, presque tous les gouvernements

---

1. Cf. *supra*, chap. i, 3.

est in tyrannide terminatum, ut in Romana republica manifeste apparet. Que cum diu per plures magistratus administrata fuisset, exortis simultatibus, dissensionibus et bellis civilibus, in crudelissimos tyrannos inciderunt. Et universaliter si quis preterita facta et que nunc fiunt diligenter consideret, plures inveniet exercuisse tyrannidem in terris que per multos reguntur, quam in illis que gubernantur ab uno. Si igitur regnum, quod est optimum regimen, maxime vitandum videatur propter tyrannidem, tyrannis autem non minus, sed magis contingere solet in regimine plurium quam unius : relinquitur simpliciter magis esse expediens sub rege uno vivere quam sub regimine plurium.

de plusieurs se sont achevés en tyrannie, comme cela apparaît le plus manifestement dans la République romaine : après avoir été longtemps administrée par plusieurs magistrats, comme des rivalités, des discordes, puis des guerres civiles étaient nées, elle tomba sous le joug des tyrans les plus cruels. De façon générale, si on considère avec attention ce qui s'est passé dans l'Histoire [1] et ce qui se déroule à présent, on découvrira qu'il y a plus de dirigeants qui ont exercé une tyrannie sur les terres dirigées par plusieurs que sur celles gouvernées par un seul homme. Si donc la royauté, qui est le meilleur gouvernement, semblerait devoir être au plus point évitée à cause de la tyrannie, celle-ci, cependant, n'arrive habituellement pas moins souvent, mais même plus fréquemment avec le gouvernement de plusieurs qu'avec celui d'un seul. Il reste qu'il vaut mieux, de manière absolue, vivre sous un roi que sous le gouvernement de plusieurs.

1. Aristote, *Les Politiques*, V, 12, 1316a34-36.

QUALITER PROVIDENDUM EST NE REX
INCIDAT IN TYRANNUM

[1] Quia ergo unius regimen preeligendum est, quod
est optimum, et contingit ipsum in tyrannidem converti,
quod est pessimum, ut ex dictis patet, diligenti studio
laborandum est ut sic multitudini provideatur de rege ut
non incidant in tyrannum.

[2] Primum autem est necessarium ut talis conditionis
homo, ab illis ad quos hoc spectat officium, promoveatur
in regem, quem non sit probabile in tyrannidem declinare;
unde Samuel Dei providentiam erga institutionem*
regis commendans ait : « Quesivit sibi Dominus virum
secundum cor suum, et precepit ei Dominus ut esset dux
super populum suum ». Deinde sic disponenda est regni
gubernatio ut regi iam instituto tyrannidis subtrahatur
occasio. Simul etiam sic eius temperetur potestas ut in
tyrannidem de facili declinare non possit; que quidem

CHAPITRE 6

COMMENT PRÉVENIR LE DÉCLIN D'UN ROI EN TYRAN

[1] Puisque donc le gouvernement d'un seul, qui est le meilleur, doit être préféré, et puisqu'il arrive qu'il se transforme en tyrannie, qui est le pire gouvernement, comme il apparaît de ce que l'on a dit, il faut travailler avec un soin diligent à pourvoir la multitude d'un roi, afin d'éviter de tomber sur un tyran.

[2] Tout d'abord, il est nécessaire que ceux à qui revient cet office élèvent à la royauté un homme de telle condition qu'il ne soit pas probable qu'il dégénère en tyran. C'est pourquoi Samuel, se confiant à la providence divine pour l'institution* du roi, dit : « Le Seigneur s'est cherché un homme selon son cœur et le Seigneur l'a élu pour être le chef de son peuple »[1]. Ensuite, une fois le roi institué, le gouvernement royal doit être organisé de façon à ce que toute occasion de tyrannie soit abolie. En même temps, son pouvoir doit être tempéré, de manière à ne pas pouvoir dégénérer facilement en tyrannie[2]. Comment cela

---

1. 1S 13, 14.
2. *Cf.* Thomas d'Aquin, *Somme théologique*, I-II, q. 105, a. 1, ad 2.

quomodo ut fiant, in sequentibus considerandum erit. Demum vero curandum est, si rex in tyrannidem diverteret, qualiter posset occurri.

[3] Et quidem si non fuerit excessus tyrannidis, utilius est remissam tyrannidem tolerare ad tempus, quam contra tyrannum agendo multis implicari periculis que sunt graviora ipsa tyrannide. Potest enim contingere ut qui contra tyrannum agunt prevalere non possint, et sic provocatus tyrannus magis deseviat. Quod si prevalere quis possit adversus tyrannum, ex hoc multotiens proveniunt gravissime dissensiones in populo, sive dum in tyrannum insurgitur, sive post deiectionem tyranni dum erga ordinationem regiminis multitudo separatur in partes. Contingit etiam interdum ut, dum alicuius auxilio multitudo expellit tyrannum, ille potestate accepta tyrannidem arripit, et timens pati ab alio quod ipse in alium fecit, graviori servitute subditos opprimit. Sic enim in tyrannide solet contingere ut posterior gravior fiat quam precedens, dum precedentia gravamina non deserit et etiam ipse ex sui cordis malitia nova excogitat. Unde Syracusis quondam Dionysii mortem omnibus desiderantibus, anus quedam ut incolumis et sibi superstes esset continue orabat; quod ut tyrannus cognovit, cur hoc faceret interrogavit. Tum illa : « Puella, inquit, existens

est réalisable, il faudra le considérer dans ce qui suit[1]. Il faut, enfin, se soucier, dans le cas où le roi tomberait dans la tyrannie, de la manière de s'y opposer[2].

[3] Et certes, s'il n'y a pas eu excès de tyrannie, il est plus utile de tolérer, pour un temps, une tyrannie modérée que d'être impliqué, en s'opposant au tyran, dans de nombreux dangers bien plus graves que la tyrannie elle-même. Il peut, en effet, arriver que ceux qui s'opposent au tyran ne puissent pas l'emporter et qu'ainsi provoqué, le tyran sévisse plus violemment. Et si quelqu'un pouvait l'emporter sur le tyran, il s'ensuit le plus souvent de très graves dissensions au sein du peuple, soit au cours de l'insurrection contre le tyran, soit qu'après son renversement la multitude se scinde en partis à propos de l'organisation du gouvernement. Il arrive également que parfois, alors que la multitude chasse un tyran avec l'aide d'un homme, celui-ci, ayant reçu le pouvoir, s'empare de la tyrannie, et craignant de subir d'un autre ce qu'il a lui-même fait à autrui, il opprime ses sujets sous une servitude plus lourde encore. C'est en effet ce qui arrive souvent dans la tyrannie, que la nouvelle soit plus pesante que la précédente, dans la mesure où elle n'abolit pas les charges antérieures et que, dans la méchanceté de son cœur, elle en conçoit même de nouvelles. Ainsi, alors que tous, à Syracuse, désirait la mort de Denys[3], une vieille femme priait continuellement pour qu'il demeure sain et sauf et qu'il lui survive. Lorsque le tyran en eut connaissance, il lui demanda pourquoi elle faisait ceci; et elle répondit : « Quand j'étais jeune fille,

---

1. Thomas ne développera pas ce sujet, malgré ce qu'il annonce ici.
2. *Cf.* Thomas d'Aquin, *Scriptum super Sententiarum*, II, dist. 44, q. II, a. 2, éd. Mandonnet, Paris, 1929.
3. Denys l'Ancien (431 av. J.-C.-367 av. J.-C.), tyran de la colonie grecque de Syracuse, célèbre parce qu'il accueillit Platon dans sa cité avant de le chasser.

cum gravem tyrannum haberemus, alium cupiebam ; quo interfecto aliquantulum durior successit, eius quoque finiri dominationem magnum estimabam. Tertium te importuniorem habere cepimus rectorem ; itaque si tu fueris assumptus, deterior in locum tuum succedet ».

[4] Et si sit intolerabilis excessus tyrannidis, quibusdam visum fuit ut ad fortium virorum virtutem pertineat tyrannum interimere, seque pro liberatione multitudinis exponere periculis mortis ; cuius rei exemplum etiam in Veteri testamento habetur. Nam Aioth quidam Eglon regem Moab, qui gravi servitute populum Dei premebat, sica infixa in eius femore interemit, et factus est populi iudex. Sed hoc apostolice doctrine non congruit. Docet enim nos Petrus : « non solum bonis et modestis, verum etiam dyscolis dominis reverenter subditos esse : hec est enim gratia, si propter conscientiam Dei sustineat quis tristitias patiens iniuste ». Unde cum multi Romanorum imperatores fidem Christi persequerentur tyrannice, magnaque multitudo tam nobilium quam populi esset ad fidem conversa,

comme nous avions un dur tyran, j'en désirais un autre. Mais lorsqu'il fut tué, advint un autre un peu plus dur. J'estimais aussi que la fin de sa domination serait d'un grand prix ; nous t'eûmes toi comme troisième recteur, plus importun. C'est pourquoi, si tu étais renversé, un successeur pire viendrait prendre ta place »[1].

[4] Mais si l'excès de tyrannie devenait intolérable, il eut semblé à certains qu'il relevait de la vertu des hommes courageux de tuer le tyran et de s'exposer aux périls de la mort pour libérer la multitude[2], ce dont on a même un exemple dans l'Ancien Testament[3] : en effet, un certain Éhud tua Églôn, roi de Moab, qui oppressait le peuple de Dieu d'une lourde servitude, en lui enfonçant une lame dans la cuisse, et il devint juge du peuple. Mais ceci n'est pas conforme à la doctrine des apôtres. En effet, Pierre nous enseigne « de nous soumettre avec déférence aux seigneurs, non seulement lorsqu'ils sont bons et modérés, mais également lorsqu'ils sont difficiles : c'est en effet une grâce, si, pour rendre témoignage à Dieu, quelqu'un supporte les malheurs qui l'atteignent injustement »[4]. C'est pourquoi, alors que de nombreux empereurs romains persécutaient de manière tyrannique la foi en Christ, et qu'une grande multitude tant de nobles que d'hommes du peuple s'était convertie à cette foi,

---

1. Valère Maxime, *Faits et dits mémorables*, VI, 2, ext. 2, trad. R. Combès, Paris, Les Belles Lettres, 1995. Voir aussi Vincent de Beauvais, *Speculum historiale*, III, 73, fac-similé de l'édition Douai (1624), Graz, Akademische Druck- und Verlagsanstalt, 1965.

2. Voir à ce propos, par exemple, Jean de Salisbury, *Policraticus*, VIII, 18-20, éd. C. C. J. Webb, London – Oxford, Clarendon Press, vol. 2, 1909, réimpression anastatique Francfort, Minerva, 1965. Il est possible que Thomas d'Aquin ait eu connaissance de l'œuvre de Jean de Salisbury.

3. Jg 3, 14-22.

4. 1P 2, 18.

non resistendo sed mortem patienter et armati sustinentes pro Christo laudantur, ut in sacra Thebeorum legione manifeste apparet. Magisque Aioth iudicandus est hostem interemisse quam populi rectorem, licet tyrannum; unde et in Veteri testamento leguntur occisi fuisse hii qui occiderunt Ioas regem Iuda, quamvis a cultu Dei recedentem, eorumque filiis reservatis secundum legis preceptum.

[5] Esset autem hoc multitudini periculosum et eius rectoribus, si privata presumptione aliqui attemptarent presidentium necem, etiam tyrannorum : plerumque enim huiusmodi periculis magis exponunt se mali quam boni; malis autem solet esse grave dominium non minus regum quam tyrannorum, quia, secundum sententiam Salomonis, « dissipat impios rex sapiens ». Magis igitur ex huiusmodi presumptione immineret periculum multitudini de amissione boni regis, quam remedium de subtractione tyranni.

[6] Videtur autem magis contra tyrannorum sevitiam non privata presumptione aliquorum, sed auctoritate publica procedendum. Primo quidem, si ad ius alicuius multitudinis pertineat sibi providere de rege, non iniuste ab eadem rex institutus potest destitui,

ceux qui sont loués ne le sont pas pour avoir opposé une résistance, mais pour avoir supporté avec patience et courage la mort pour le Christ – ce que montre clairement la légion sacrée des Thébains[1]. Aussi doit-on juger qu'Éhud a tué plutôt un ennemi qu'un recteur du peuple, fût-il un tyran. Et c'est pourquoi on lit dans l'Ancien Testament que ceux qui tuèrent Joas, roi de Judée, furent tués, bien que ce roi se fût détourné du culte de Dieu, mais que leurs fils furent épargnés, selon le précepte de la loi[2].

[5] Et il serait dangereux pour la multitude et ses recteurs si certains, de leur propre initiative, tentaient d'assassiner les dirigeants, même tyranniques. Car, le plus souvent, ce sont les mauvais plutôt que les bons qui s'exposent aux périls de ce genre. Or, d'ordinaire, la seigneurie des rois n'est pas moins pesante, pour les méchants, que celle des tyrans, ainsi que le dit Salomon : « Un roi sage met en fuite les impies »[3]. Une telle initiative menacerait donc plus la multitude du danger de perdre un bon roi qu'elle ne lui procurerait le remède de supprimer un tyran.

[6] Or, il semble que, contre la cruauté des tyrans, il vaut mieux agir par l'autorité publique que par l'initiative privée de quelques-uns[4]. Tout d'abord, s'il revient au droit de certaine multitude de se donner un roi, celle-ci peut destituer sans injustice le roi qu'elle a elle-même institué,

1. Le martyre de la légion thébaine (ou thébéenne) aurait eu lieu sous Dioclétien entre 285 et 306, à Agaune (aujourd'hui Saint-Maurice) en Valais (Suisse). Voir, par exemple, à ce propos, P. F. Chifflet, *Paulinus illustratus*, Dijon, 1662, dans lequel est édité le manuscrit, Paris, BNF, Latin 9550 (Suppl. lat. 839), daté du VII e ou VIII e siècle, qui narre ce massacre.

2. 2R 14, 5-6.

3. Pr 20, 26.

4. *Cf.* Thomas d'Aquin, *Somme théologique*, II-II, q. 64, a. 3.

vel refrenari eius potestas, si potestate regia tyrannice abutatur. Nec putanda est talis multitudo infideliter agere tyrannum destituens, etiam si ei in perpetuuum ante subiecerat; quia hoc ipse meruit in multitudinis regimine se non fideliter gerens ut exigit regis officium, quod ei pactum a subditis non servetur. Sic Romani Tarquinium superbum, quem in regem susceperant, propter eius et filiorum tyrannidem a regno eiecerunt, substituta minori, scilicet consularia, potestate. Sic etiam Domitianus, qui modestissimis imperatoribus Vespasiano patri et Tito fratri eius successerat, dum tyrannidem exercet a senatu Romano interemptus est, omnibus que perverse fecerat per senatusconsultum iuste et salubriter in irritum revocatis. Quo factum est ut beatus Ioannes Evangelista, dilectus Dei discipulus, qui per ipsum Domitianum in Pathmos insulam fuerat exilio relegatus, ad Ephesum per senatusconsultum remitteretur.

ou limiter son pouvoir, s'il **abuse tyranniquement** du pouvoir royal. Il ne faut pas penser qu'une telle multitude agit infidèlement en destituant le tyran, même si elle s'était auparavant soumise à lui pour toujours, car celui-ci, en ne se comportant pas fidèlement dans le gouvernement de la multitude, comme l'exige l'office de roi, a mérité que ses sujets ne tiennent pas leur engagement envers lui[1]. Ainsi, les Romains, qui avaient pris pour roi Tarquin le Superbe[2], à cause de sa tyrannie et de celle de ses fils, rejetèrent la royauté, et ils lui substituèrent un pouvoir plus modéré, c'est-à-dire celui consulaire[3]. De même aussi, comme Domitien[4] – qui avait succédé à des empereurs très modérés, son père Vespasien et son frère Titus – exerçait la tyrannie, il fut condamné à mort par le sénat romain, et tout ce qu'il avait fait dans sa perversion fut, de manière juste et saine, déclaré invalide par un sénatus-consulte. Ceci eut pour conséquence que le bienheureux Jean l'Évangéliste, disciple bien-aimé de Dieu, qui avait été relégué en exil sur l'île de Patmos par Domitien lui-même, fut renvoyé à Éphèse par sénatus-consulte[5].

---

1. *Cf.* Thomas d'Aquin, *Somme théologique*, II-II, q. 42, a. 2, ad 3.

2. Tarquin le Superbe fut le septième et dernier roi de Rome, avant la mise en place du gouvernement de la République. Il régna de 534 av. J.-C. à 509 av. J.-C.

3. Augustin, *La Cité de Dieu*, V, 12.

4. Domitien (51-96) fut le troisième et dernier empereur romain de la dynastie flavienne. Voir à ce propos Eusèbe de Césarée, *Chronica*, II, PG 19, col. 551*h*.

5. Jérôme, *De viris illustribus*, 9, PL 23, col. 625A.

[7] Si vero ad ius alicuius superioris pertineat multitudini providere de rege, expectendum est ab eo remedium contra tyranni nequitiam. Sic Archelai, qui in Iudaea pro Herode patre suo regnare iam ceperat, paternam malitiam imitantis, Iudaeis contra eum querimoniam ad Cesarem Augustum deferentibus, primo quidem potestas diminuitur, ablato sibi regio nomine et medietate regni* sui inter duos fratres eius divisa; demum cum nec sic a tyrannide compesceretur, a Tiberio Cesare relegatus est in exilium apud Lugdunum Gallie civitatem.

[8] Quod si omnino contra tyrannum auxilium humanum haberi non possit, recurrendum est ad regem omnium Deum qui est « adiutor in opportunitatibus, in tribulatione ». Eius enim potentie subest ut cor tyranni crudele convertat in mansuetudinem, secundum Salomonem : « Cor regis in manu Dei, quocumque voluerit inclinabit illud » ; ipse enim regis Assueri crudelitatem, qui Iudaeis mortem parabat, in mansuetudinem vertit ; ipse est qui ita Nabugodonosor crudelem regem in tantam devotionem convertit, quod factus est divine potentie predicator :

[7] Mais si le droit de pourvoir d'un roi la multitude revient à quelque supérieur, c'est de lui qu'on doit attendre un remède contre la malignité du tyran. Ainsi, Archélaüs [1], qui avait commencé à régner en Judée à la place de son père Hérode, imita la méchanceté paternelle ; comme les Juifs se plaignirent de lui à l'empereur Auguste, il diminua d'abord son pouvoir en le privant du titre de roi et divisant entre ses deux frères une moitié de son royaume* ; puis, comme, même ainsi, il ne cessait pas de se comporter en tyran, il fut relégué en exil par l'empereur Tibère près de Lyon, une cité de Gaule [2].

[8] Et si on ne peut absolument pas trouver de secours humain contre le tyran, il faut s'en remettre au roi de tous, Dieu [3], qui « dans la tribulation secourt aux moments opportuns » [4]. En effet, il est en sa puissance de convertir à la mansuétude le cœur cruel du tyran, comme le dit Salomon : « Le cœur du roi est dans la main de Dieu, Il l'inclinera dans le sens qu'Il voudra » [5], car c'est Lui qui transforma en mansuétude la cruauté du roi Assuérus [6] qui s'apprêtait à faire mourir les Juifs ; c'est Lui qui convertit la cruauté du roi Nabuchodonosor [7] en une si grande dévotion qu'il devint prédicateur de la puissance divine :

1. Hérode Archélaüs (ou Archélaos), fils aîné d'Hérode le Grand, gouverna la Judée, la Samarie et l'Idumée de 4 av. J-C. à 6 ap. J.-C., avec le titre d'Ethnarque. À ce propos, voir Flavius Josèphe, *La Guerre des Juifs contre les Romains*, II, 80, trad. A. Pelletier, Paris, Les Belles Lettres, 1980.

2. Jérôme, *Commentaire sur Saint Matthieu*, I, 2, 22, éd. E. Bonnard, Paris, Cerf (Sources chrétiennes 242), 1977, p. 88.

3. Jean de Salisbury, *Policraticus* VIII, 20, éd. cit., p. 792-797.

4. Ps 9, 10.

5. Pr 21, 1.

6. Roi de Perse cité dans le livre biblique d'Esther, traditionnellement identifié à Xerxès I er (519 av. J.-C.-465 av. J.-C.). *Cf.* Est 15, 11.

7. Nabuchodonosor II, roi de l'empire néo-babylonien entre 605 et 562 av. J.-C.

« Nunc igitur », inquit, « ego Nabuchodonosor laudo et magnifico et glorifico regem celi, quia opera eius vera et vie eius iudicia, et gradientes in superbia potest humiliare ».

[9] Tyrannos vero quos reputat conversione indignos, potest auferre de medio vel ad infimum statum reducere, secundum illud Sapientis : « Sedes ducum superborum destruxit Deus et sedere fecit mites pro eis ». Ipse est qui videns afflictionem populi sui in Egypto et audiens eorum clamorem, Pharaonis tyrannidem deiecit cum exercitu eius in mare. Ipse est qui memoratum Nabugodonosor prius superbientem, eiectum non solum de regni solio sed etiam de hominum consortio, in similitudinem bestie commutavit. Nec est etiam abbreviata manus eius, ut populum suum a tyrannis liberare non possit : promittit enim per Ysaiam populo suo requiem se daturum « a labore et concussione et servitute dura » qua ante servierat ; et per Ezechelielem : « Liberabo meum gregem de ore eorum », scilicet pastorum qui pascunt se ipsos. Sed ut hoc beneficium populus a Deo consequi mereatur, debet a peccatis cessare, quia in ultionem peccati divina permissione impii accipiunt principatum, dicente Domino per Osee :

« Maintenant donc, dit-il, moi Nabuchodonosor, je loue, je magnifie et je glorifie le roi du ciel, parce que ses œuvres sont vraies et parce que ses voies sont des jugements et qu'Il peut humilier ceux qui marchent dans l'orgueil » [1].

[9] Quant aux tyrans qu'Il juge indignes de conversion, Il peut les supprimer ou les réduire à un état médiocre ou infime, selon cette parole du Sage : « Dieu a détruit le trône des chefs orgueilleux et a fait asseoir à leur place des hommes doux » [2]. En effet, c'est Lui qui, voyant l'affliction de son peuple en Égypte et entendant sa clameur, jeta à la mer le tyran Pharaon [3] et son armée. C'est Lui qui chassant ce Nabuchodonosor, mentionné plus haut et auparavant orgueilleux, non seulement du trône royal, mais également de l'association des hommes, le transforma à la ressemblance d'une bête [4]. Et son bras n'est pas raccourci au point de ne pouvoir libérer son peuple du joug des tyrans. Il promet en effet à son peuple, par la bouche d'Isaïe, de lui donner le repos « de la peine, de la confusion, ainsi que de la dure servitude » [5] à laquelle il avait été soumis auparavant ; et, par la bouche d'Ezéchiel, Il dit : « Je délivrerai mon troupeau de leur gueule » [6], c'est-à-dire de la gueule des pasteurs qui se paissent eux-mêmes. Mais pour que le peuple mérite d'obtenir ce bienfait de Dieu, il doit se libérer du péché, parce que c'est en châtiment du péché que les impies, par une permission divine, reçoivent l'exercice du pouvoir [7], comme dit le Seigneur par la bouche d'Osée :

1. Da 4, 34.
2. Sir 10, 17.
3. Ex 14, 23-28
4. Da 4, 30.
5. Is 14, 3.
6. Ez 34, 10.
7. *Cf.* Thomas d'Aquin, *Somme théologique*, II-II, q. 108, a. 4, ad 1.

« Dabo tibi regem in furore meo » ; et in Iob dicitur quod
« regnare facit hominem hypocritam propter peccata
populi ». Tollenda est igitur culpa ut cesset a tyrannorum
plaga.

« Je te donnerai un roi dans ma fureur »[1], et au livre de Job, il est dit qu'« Il fait régner l'homme hypocrite à cause des péchés du peuple »[2]. Il faut donc supprimer la faute, pour que cesse la plaie des tyrans.

1. Os 13, 11.
2. Jb 34, 30.

QUOD MUNDANUS HONOR SEU GLORIA
NON SUNT SUFFICIENS PREMIUM REGIS

[1] Quoniam autem secundum predicta regis est bonum multitudinis querere, nimis videtur onerosum regis officium nisi ei aliquod proprium bonum ex hoc proveniret. Oportet igitur considerare quale sit boni regis conveniens premium.

[2] Quibusdam igitur visum est regis premium non esse aliud quam honorem et gloriam, unde et Tullius in libro *De republica* diffinit principem civitatis esse alendum gloria; cuius rationem Aristotiles in libro *Ethicorum* assignare videtur, quia princeps cui non sufficit honor et gloria, consequenter tyrannus efficitur. Inest enim animis omnium ut proprium bonum querant; si ergo contentus non sit princeps gloria et honore, querit voluptates et divitias, et sic ad rapinas et subditorum iniurias convertitur.

Chapitre 7

L'HONNEUR MONDAIN OU LA GLOIRE NE SONT PAS DES RÉCOMPENSES SUFFISANTES POUR UN ROI

[1] Puisque, selon ce que nous avons dit[1], il appartient au roi de rechercher le bien de la multitude, l'office du roi semblerait trop lourd, s'il n'en tirait pas pour lui quelque bien propre. Il faut donc examiner quelle est la récompense qui convient au bon roi.

[2] Certains donc pensaient que la récompense du roi n'était rien d'autre que l'honneur et la gloire, c'est pourquoi Cicéron, dans *La République*, définit que le dirigeant de la cité doit se nourrir de gloire[2] et Aristote, dans l'*Éthique*, semble en assigner la raison au fait que le dirigeant pour qui l'honneur et la gloire ne sont pas en quantité suffisante devient alors un tyran[3]. Il est, en effet, inscrit en l'âme de tous de rechercher son propre bien. Si donc le dirigeant ne se contente pas de la gloire et de l'honneur, il recherche les plaisirs et les richesses, ce qui va le conduire à commettre des vols et des injustices à l'encontre de ses sujets.

1. Cf. *supra*, chap. i, 1, § 1-2.
2. Cicéron, *La République*, V, 7, 9, trad. E. Breguet, Paris, Les Belles Lettres, 1980, rééd. 1991, cité par Augustin, *La Cité de Dieu* V, 13.
3. Aristote, *Éthique à Nicomaque*, V, 10, 1134b 7.

[3] Sed si hanc sententiam receperimus, plurima sequuntur inconvenientia. Primo namque hoc esset regibus dispendiosum, si tot labores et sollicitudines paterentur pro mercede tam fragili : nichil enim videtur in rebus humanis fragilius gloria et honore favoris hominum, cum dependeat ex opinionibus hominum et verbis eorum, quibus nichil mutabilius in vita hominibus; et inde est quod Ysaias propheta huiusmodi gloriam nominat « florem foeni ». Deinde humane glorie cupido animi magnitudinem aufert : qui enim favorem hominum querit, necesse est ut in omni eo quod dicit aut facit eorum voluntati deserviat; et sic dum placere omnibus studet, fit servus singulorum. Propter quod et idem Tullius in libro *De officiis*, cavendum dicit glorie cupidinem : « Eripit enim animi libertatem, pro qua magnanimis viris omnis debet esse contentio ». Nichil autem principem qui ad magna peragenda instituitur, magis decet quam animi magnitudo; est igitur incompetens regis officio humane glorie premium.

[4] Simul etiam est multitudini noxium si tale premium statuatur principibus. Pertinet enim ad boni viri officium ut contempnat gloriam sicut et alia temporalia bona : virtuosi enim et fortis animi est pro iustitia contempnere gloriam sicut et vitam. Unde fit quoddam

[3] Mais si nous admettons cette opinion, il s'ensuit de nombreux inconvénients. Car, premièrement, il serait onéreux pour les rois de supporter tant de peines et de soucis pour un salaire si fragile. Rien, en effet, dans les affaires humaines, ne semble plus fragile que la gloire et l'honneur que confère la faveur des hommes, puisqu'ils dépendent des opinions des hommes et de leurs paroles, pour qui rien n'est plus changeant dans la vie. C'est pourquoi le prophète Isaïe appelle une telle gloire une « fleur des champs » [1]. Deuxièmement, le désir de la gloire humaine ôte la grandeur d'âme. En effet, celui qui recherche la faveur des hommes est obligé de se mettre au service de leur volonté en tout ce qu'il dit ou ce qu'il fait, et ainsi, en s'efforçant de plaire à tous, il devient l'esclave de chacun. Pour cette raison, le même Cicéron écrit dans son livre *Les Devoirs* qu'il faut se garder du désir de gloire : « En effet, ce désir arrache la liberté d'âme, vers laquelle les hommes magnanimes doivent faire tendre tout leur effort » [2]. Or, il n'y a rien qui convienne mieux à un dirigeant, institué pour accomplir de grandes choses, que la magnanimité. La gloire humaine est donc une récompense qui ne correspond pas à l'office du roi.

[4] En même temps, il est nuisible à la multitude d'établir une telle récompense pour les dirigeants. En effet, c'est le devoir d'un homme bon que de mépriser la gloire, de même que les autres biens temporels. En effet, c'est la marque d'un esprit vertueux et courageux que de mépriser la gloire, de même que sa vie, pour la justice. Ceci a une conséquence

1. Is 40, 6.
2. Cicéron, *Les Devoirs*, I, 20, 68, trad. M. Testard, Paris, Les Belles Lettres, 1974.

mirabile, ut quia virtuosos actus consequitur gloria ipsaque gloria virtuose contempnitur, et ex contemptu glorie homo gloriosus reddatur, secundum sententiam Fabii dicentis : « Gloriam qui spreverit, veram habuit ». Et de Catone dixit Salustius : « Quo minus petebat gloriam, tanto magis assequebatur illam » ; ipsique Christi discipuli se sicut Dei ministros exhibebant « per gloriam et ignobilitatem, per infamiam et bonam famam ». Non est igitur boni viri conveniens premium gloria quam contempnunt boni. Si igitur hoc solum premium statuatur principibus, sequetur bonos viros non assumere principatum, aut si assumpserint impremiatos esse.

[5] Amplius, ex cupidine glorie periculosa mala proveniunt. Multi enim dum immoderate gloriam in rebus bellicis querunt, se ac suos exercitus perdiderunt, libertate patrie sub hostium servitute redacta ; unde Torquatus Romanus princeps, in exemplo huius vitandi discriminis, filium, qui contra imperium suum provocatus ab hoste iuvenili ardore pugnavit, licet vicisset occidit, ne plus mali esset in presumptionis exemplo quam utilitatis in gloria hostis occisi. Habet etiam cupido glorie aliud sibi familiare

étonnante : la gloire suit les actes vertueux, et cette même gloire est méprisée par vertu. C'est par son mépris de la gloire que l'homme devient glorieux, selon la sentence de Fabius qui dit : « Celui qui aura méprisé la gloire aura la vraie gloire »[1], et comme le dit Salluste à propos de Caton : « Moins il cherchait la gloire, plus il l'atteignait »[2] ; et les disciples du Christ eux-mêmes se présentaient comme les ministres de Dieu, « dans la gloire et l'obscurité, dans l'infamie et la bonne réputation »[3]. La gloire, que les hommes bons méprisent, ne leur est donc pas une récompense appropriée. Ainsi, si on établissait cette seule récompense pour les dirigeants, il s'ensuivrait que les hommes bons ne prendraient pas en charge l'exercice du pouvoir, ou, s'ils le faisaient, ils demeureraient sans récompense.

[5] En outre, du désir de gloire proviennent des maux dangereux. En effet, de nombreux hommes, en recherchant de manière immodérée la gloire dans les faits d'arme, se sont perdus eux-mêmes et leurs armées, en rendant la liberté de leur patrie esclave de leurs ennemis. Ainsi Torquatus[4], prince romain, bien que victorieux, pour montrer que ce risque devait être évité, tua son fils qui, poussé par l'ardeur juvénile, avait, contre son commandement, combattu un ennemi qui l'avait provoqué. Il le fit pour que cet exemple de présomption ne produise pas plus de mal que la gloire de l'ennemi tué n'avait produit d'utilité. De plus, le désir de gloire possède un autre vice familier,

1. Tite Live, *Histoire romaine*, XXII, 39, 20, trad. A. Flobert, Paris, GF-Flammarion, 1993.
2. Salluste, *La Conjuration de Catilina*, 54, 6, cité par Augustin, *La Cité de Dieu*, V, 12.
3. 2Cor 6, 8.
4. Torquatus, homme politique romain, qui assuma trois consulats en 347, 344 et 340 av. J.-C. Voir à ce propos Augustin, *La Cité de Dieu*, V, 18 et Valère Maxime, *Faits et dits mémorables* II, 7, 6.

vitium, simulationem videlicet. Quia enim difficile est
paucisque contingit veras virtutes assequi, quibus solis
honor debetur et gloria, multi gloriam cupientes virtutum
simulatores fiunt; propter quod, sicut Salustius dicit,
« ambitio multos mortales falsos fieri coegit, aliud clausum
in pectore, aliud promptum habere in lingua, magisque
vultum quam ingenium bonum habere ». Sed et salvator
noster eos qui bona opera faciunt ut ab hominibus videantur,
hypocritas, id est simulatores, vocat. Sicut igitur periculosum
est multitudini si princeps voluptates et divitias querat pro
premio, ne raptor contumeliosus fiat, ita periculosum est
si ei determinetur glorie premium, ne presumptuosus et
simulator existat.

[6] Sed quantum ex dictorum sapientium intentione
apparet, non ea ratione honorem et gloriam pro
premio principi decreverunt tamquam ad hoc principaliter
ferri debeat boni regis intentio, sed quia tolerabilius est si
gloriam querat quam si pecuniam cupiat aut voluptatem
sectetur. Hoc enim vitium virtuti propinquius est, cum
gloria quam homines cupiunt nichil aliud sit, ut Augustinus
diffinit, quam iudicium hominum bene de hominibus
opinantium. Cupido enim glorie aliquod habet virtutis
vestigium, dum saltem bonorum approbationem
querit et eis displicere recusat. Paucis igitur ad veram
virtutem pervenientibus, tolerabilius videtur si preferatur

à savoir la simulation. Car, comme il est difficile d'acquérir de vraies vertus, auxquelles seules l'honneur et la gloire sont dus, et que peu y arrivent, de nombreux hommes, désirant la gloire, feignent les vertus. Pour cette raison, comme le dit Salluste : « L'ambition a contraint de nombreux mortels à devenir faux ; autre chose est d'avoir le bien caché dans le cœur, ou manifeste sur la langue, et d'en avoir le visage plus que le caractère » [1]. Or, notre Sauveur nomme hypocrites, c'est-à-dire simulateurs, ceux qui font de bonnes œuvres dans le but d'être vus des hommes [2]. De même donc qu'il y a danger pour la multitude, si le dirigeant recherche en guise de récompense les plaisirs et les richesses, qu'il ne devienne voleur injurieux, de même il y a danger, s'il est déterminé à obtenir la récompense de la gloire, qu'il ne devienne arrogant et simulateur.

[6] Mais autant qu'il apparaît de l'intention des sages mentionnés ci-dessus [3], ils n'ont pas désigné l'honneur et la gloire, comme récompense du dirigeant, parce que c'est ce vers quoi doit tendre principalement l'intention d'un bon roi, mais parce qu'un roi est plus tolérable s'il recherche la gloire que s'il désire l'argent ou s'il poursuit le plaisir. En effet, ce vice est plus proche de la vertu, puisque la gloire que les hommes désirent n'est rien d'autre, comme le définit Augustin [4], que le jugement favorable d'hommes estimant d'autres hommes. Ainsi, le désir de gloire porte en lui une certaine trace de la vertu, en tant du moins qu'il recherche l'approbation des hommes de bien et qu'il refuse de leur déplaire. Donc, comme peu d'hommes parviennent à la vraie vertu [5], il semble plus acceptable de préférer,

---

1. Salluste, *La Conjuration de Catilina*, 10, 5.
2. Mt 6, 5.
3. Cf. *surpa*, § 2.
4. Augustin, *La Cité de Dieu*, V, 12.
5. *Cf.* Thomas d'Aquin, *Somme de théologie*, I-II, q. 105, a. 1, ad 2.

ad regimen qui, vel iudicium hominum metuens, saltem a malis manifestis retrahitur. Qui enim gloriam cupit, aut vera via, id est per virtutis opera, nititur ut ab hominibus approbetur, vel saltem dolis ad hoc contendit atque fallaciis. Qui vero dominari desiderat, si cupiditate glorie carens non timeat bene iudicantibus displicere, « etiam per apertissima scelera querit plerumque obtinere quod diligit » ; unde bestias superat sive crudelitatis sive luxurie vitiis, sicut in Nerone Cesare patet, cuius, ut Augustinus dicit, « tanta luxuria fuit ut nichil putaretur ab eo virile metuendum, tanta crudelitas ut nichil molle habere putaretur ». Hoc autem satis exprimitur per id quod Aristoteles de magnanimo in *Ethicis* dicit, quod non querit honorem et gloriam quasi aliquid magnum quod sit virtutis sufficiens premium, sed nichil ultra hoc ab hominibus exigit. Hoc enim inter omnia terrena videtur esse precipuum, ut homini ab hominibus testimonium de virtute reddatur.

pour le gouvernement, un homme qui, par crainte du jugement des hommes, se tienne au moins à l'écart de ce qui est manifestement mauvais. En effet, celui qui désire la gloire soit s'efforce de l'atteindre par la voie véritable, c'est-à-dire par des œuvres de vertu, afin de recevoir l'approbation des hommes, soit du moins en y tendant par des ruses et des tromperies. Mais si, n'étant pas affecté par le désir de gloire, il ne craint pas de déplaire aux hommes de bon jugement, celui qui désire dominer « s'efforce alors d'obtenir ce qu'il convoite par les crimes les plus manifestes » [1]. Ainsi, il surpasse les bêtes dans les vices de cruauté et de luxure, comme le montre clairement l'empereur Néron [2], dont Augustin dit qu'« il fut d'une si grande luxure qu'il ne paraissait pas que l'on puisse craindre rien de viril de lui, et d'une si grande cruauté qu'il ne paraissait rien y avoir de doux <chez lui> » [3]. Ceci est suffisamment exprimé par ce que dit Aristote dans l'*Éthique* au sujet de l'homme magnanime [4] : il ne cherche pas l'honneur et la gloire comme quelque chose de grand qui serait une récompense suffisante de la vertu, mais il n'exige rien de plus des hommes, car, parmi toutes les choses terrestres, il semble que la principale soit le témoignage que les hommes rendent à la vertu d'un autre homme.

1. Augustin, *La Cité de Dieu*, V, 19.

2. Néron (37-68) est le cinquième et dernier empereur romain de la dynastie julio-claudienne, célèbre pour sa cruauté.

3. Augustin, *La Cité de Dieu*, V, 19.

4. Aristote, *Éthique à Nicomaque*, IV, 7, 1124a5-9. *Cf.* Thomas d'Aquin, *Sententia libri Ethicorum*, IV, 9, éd. cit., p. 230. Voir aussi Thomas d'Aquin, *Somme théologique*, II-II, q. 129, a. 1-2.

QUOD SUFFICENS PREMIUM REGIS
EST A DEO EXPECTANDUM

[1] Quoniam ergo mundanus honor et hominum gloria regie sollicitudini non est sufficiens premium, inquirendum restat quale sit eius sufficiens premium.

[2] Est autem conveniens ut rex premium expectet a Deo. Minister enim pro suo ministerio premium expectat a domino ; rex autem populum gubernando minister Dei est, dicente Apostolo quod omnis potestas a Domino Deo est, et quod est « Dei minister vindex in iram ei qui male agit » ; et in libro Sapientie reges regni Dei esse ministri describuntur. Debent igitur reges pro suo regimine premium expectare a Deo.

CHAPITRE 8

LA RÉCOMPENSE SUFFISANTE POUR UN ROI DOIT ÊTRE ATTENDUE DE DIEU

[1] Puisque l'honneur mondain et la gloire des hommes ne sont pas une récompense suffisante de la sollicitude du roi, il reste à chercher quelle est la récompense qui lui soit suffisante.

[2] Or, il est convenable pour un roi d'attendre sa récompense de Dieu ; en effet, un ministre attend de son maître la récompense de son ministère ; et le roi, en gouvernant le peuple, est le ministre de Dieu, comme dit l'Apôtre, à savoir que tout pouvoir vient du Seigneur Dieu [1] et que « le ministre de Dieu venge dans sa colère celui qui fait le mal » [2], et, dans le *Livre de la Sagesse*, les rois sont décrits comme les ministres du règne de Dieu [3]. C'est donc de Dieu que les rois doivent attendre la récompense pour leur gouvernement.

1. Rm 13, 1.
2. Rm 13, 4.
3. Sg 6, 5.

[3] Remunerat autem Deus pro suo ministerio reges interdum temporalibus bonis, sed talia premia sunt bonis malisque communia; unde Dominus ad Ezechielem dicit : « Nabugodonosor rex Babylonis servire fecit exercitum suum servitute magna adversus Tyrum, et merces non est reddita ei neque exercitui eius de Tyro pro servitute qua servivit michi adversus eam », ea scilicet servitute qua potestas, secundum Apostolum, « Dei minister est, vindex in iram ei qui male agit ». Et postea de premio subdidit : « Propterea hec dicit Dominus Deus : Ecce ego dabo Nabugodonosor regem Babylonis in terra Egypti, et diripiet spolia eius et erit merces exercitui eius ». Si ergo reges iniquos contra Dei hostes pugnantes, licet non intentione serviendi Deo sed sua odia et cupiditates exequendi, tanta mercede Dominus remunerat ut eis de hostibus victoriam tribuat, regna subiciat et spolia diripienda proponat, quid faciet bonis regibus qui pia intentione populum Dei regunt et hostes impugnant? Non quidem terrenam sed eternam eis mercedem promittit, nec in alio quam in se ipso, dicente Petro pastoribus populi Dei : « Pascite qui in vobis est gregem Domini, ut cum venerit Princeps pastorum », id est rex regum Christus, « percipiatis immarcescibilem glorie coronam »; de qua

[3] Or, Dieu rémunère parfois les rois, pour leur service, par des biens temporels, mais de telles récompenses sont communes aux bons et aux méchants. C'est pourquoi le Seigneur dit à Ezéchiel : « Nabuchodonosor, roi de Babylone, a fait faire à son armée un service éprouvant contre Tyr, et ni pour lui ni pour son armée, il n'a retiré le salaire du service que, pour moi, il a fait contre elle »[1] ; c'est-à-dire en raison de ce service, il a été investi du pouvoir par lequel, selon l'Apôtre, « il est le ministre de Dieu qui venge dans sa colère celui qui fait le mal »[2]. Et ensuite, il ajoute à propos de la récompense : « C'est pourquoi le Seigneur Dieu dit ceci : Voici que je donnerai à la terre d'Egypte Nabuchodonosor, roi de Babylone, et il lui arrachera ses dépouilles et ce sera un salaire pour son armée »[3]. Si donc le Seigneur rémunère par un si grand salaire les rois injustes qui combattent les ennemis de Dieu, certes non dans l'intention de servir Dieu, mais d'assouvir leurs haines et leurs cupidités – à savoir la victoire sur les ennemis, la soumission des royaumes et les butins à dépouiller –, que fera-t-il pour les bons rois qui dirigent le peuple de Dieu et combattent les ennemis avec une intention pieuse ? Il ne leur promet certes pas un salaire terrestre, mais éternel, qui ne consiste en rien d'autre qu'en Lui-même, comme le dit Pierre aux pasteurs du peuple de Dieu : « Paissez le troupeau de Dieu qui vous est confié, de sorte que lorsqu'apparaîtra le Prince des pasteurs », c'est-à-dire le Roi des rois, le Christ, « vous receviez l'immarcescible couronne de gloire »[4], au sujet de laquelle

1. Ez 29, 18.
2. Rm 13, 4.
3. Ez 29, 19.
4. 1P 5, 2 et 4.

dicit Ysaias « Erit Dominus sertum exultationis et dyadema glorie populo suo ».

[4] Hoc autem ratione manifestatur. Est enim mentibus omnium ratione utentium inditum virtutis premium beatitudinem esse ; virtus enim uniuscuiusque rei esse describitur « que bonum facit habentem et opus eius bonum reddit ». Ad hoc autem quisque bene operando nititur pervenire quod est maxime desiderio inditum ; hoc autem est esse felicem, quod nullus potest non velle : hoc igitur premium virtutis convenienter expectatur quod hominem facit beatum. Si autem bene operari virtutis est opus, regis autem opus est bene regere subditos, hoc etiam erit premium regis quod eum faciet beatum. Quid autem hoc sit, hinc considerandum est.

[5] Beatitudinem quidem dicimus ultimum desideriorum finem ; neque enim desiderii motus in infinitum procedit, esset enim inane naturale desiderium, cum infinita pertransiri non possint. Cum autem desiderium intellectualis nature sit universalis boni, hoc solum bonum vere beatum facere poterit, quo adepto nullum bonum restat quod amplius desiderari possit ; unde et beatitudo dicitur bonum perfectum, quasi omnia desiderabilia in se comprehendens. Tale autem

Isaïe dit : « Le Seigneur sera pour son peuple une guirlande de joie et un diadème de gloire » [1].

[4] Or, ceci est manifesté par la raison. Il est, en effet, inscrit dans les esprits de tous ceux qui usent de la raison que la récompense de la vertu est la béatitude. En effet, on décrit la vertu de chaque chose en disant « qu'elle rend bon celui qui la possède, et rend bonne son œuvre » [2]. Or, chacun s'efforce, en agissant bien, d'atteindre ce qui est le plus intimement inscrit dans son désir, à savoir d'être heureux, ce que personne ne peut ne pas vouloir [3]. Il convient donc d'attendre en récompense de la vertu ce qui rend l'homme heureux. Or, si l'œuvre de la vertu est de bien agir, l'œuvre du roi est de bien diriger ses sujets, et la récompense du roi sera aussi ce qui le rendra heureux. Il faut à présent considérer en quoi cela consiste.

[5] Nous appelons ainsi béatitude la fin ultime de nos désirs [4]. En effet, le mouvement du désir ne peut s'étendre à l'infini, car le désir naturel serait vain, puisqu'on ne peut parcourir des choses infinies. Or, comme le désir d'une nature intellectuelle se porte vers un bien universel, seul pourrait rendre vraiment heureux le bien qui, une fois atteint, ne laisse plus subsister aucun désir ultérieur pour d'autres biens. D'où le fait que la béatitude est appelée bien parfait [5], dans la mesure où elle comprend en elle-même toutes les autres choses désirables. Or, ce n'est le cas

---

1. Is 28, 5.

2. Aristote, *Éthique à Nicomaque*, II, 5, 1106a15. *Cf.* Thomas d'Aquin, *Sententia libri Ethicorum*, II, 6, éd. cit., p. 94 ; *Somme théologique*, I-II, q. 55, a. 3-4.

3. *Cf.* Thomas d'Aquin, *Somme théologique*, I-II, q. 1, a. 6-7.

4. *Cf.* Thomas d'Aquin, *Somme contre les Gentils*, III, 37 ; *Somme théologique*, I-II, q. 2.

5. Aristote, *Éthique à Nicomaque*, I, 1, 1094a22 et 5, 1097a31-b1. *Cf.* Thomas d'Aquin, *Sententia libri Ethicorum*, I, 2, éd. cit., p. 8.

non est aliquod bonum terrenum ; nam qui divitias habent
amplius habere desiderant, qui voluptatibus perfruuntur
amplius perfrui desiderant, et simile patet in ceteris. Et si
ampliora non querant, desiderant tamen ut ea permaneant,
vel alia in locum eorum succedant : nichil enim permanens
invenitur in rebus terrenis, nichil igitur terrenum est quod
quietare desiderium possit. Neque igitur terrenum aliquod
beatum facere potest, ut possit esse regis conveniens
premium.

[6] Adhuc, cuiuslibet rei finalis perfectio et bonum
completum ab aliquo superiori dependet, quia et ipsa
corporalia meliora redduntur ex adiunctione meliorum,
peiora vero si deterioribus misceantur ; sicut argento si
misceatur aurum, argentum fit melius, quod ex plumbi
admixtione impurum efficitur. Constat autem terrena omnia
esse infra mentem humanam ; beatitudo autem est hominis
finalis perfectio et bonum completum ad quod omnes
pervenire desiderant : nichil igitur terrenum est quod
hominem possit beatum facere, neque igitur terrenum
aliquod est premium regis sufficiens. « Non enim », ut
Augustinus dicit, « christianos principes felices dicimus
quia diutius imperarunt, vel imperantes filios morte placida
reliquerunt, vel hostes reipublice diminuerunt, vel cives
adversus se insurgentes et cavere et opprimere potuerunt ;
sed felices eos dicimus si iuste imperant, si malunt
cupiditatibus potius quam gentibus quibuslibet imperare,
si omnia faciunt non propter ardorem inanis glorie,

d'aucun bien terrestre ; en effet, ceux qui possèdent des richesses désirent posséder davantage, ceux qui jouissent des plaisirs désirent en jouir davantage, et il en va de même pour les autres choses. Et s'ils n'en cherchent pas davantage, ils désirent cependant que ces biens demeurent, ou que d'autres les remplacent ; en effet, il n'existe rien de permanent dans les choses terrestres ; par conséquent, rien de terrestre ne peut apaiser le désir. Donc, nul bien terrestre ne peut rendre heureux, de sorte qu'il pourrait être une récompense convenable pour un roi.

[6] En outre, la perfection finale et le bien complet de n'importe quelle chose dépendent de quelque chose de supérieur, parce que les choses corporelles elles-mêmes deviennent meilleures par leur union avec des choses meilleures, et pires par leur mélange avec des choses inférieures ; par exemple, si on mélange de l'or à l'argent, l'argent devient meilleur, alors que l'addition de plomb le rend impur. Or, il est évident que toutes les choses terrestres sont inférieures à l'esprit humain ; mais la béatitude est la perfection finale de l'homme et le bien complet que tous les hommes désirent atteindre. Aucune chose terrestre ne peut donc rendre l'homme heureux et aucun bien terrestre n'est une récompense suffisante pour un roi. En effet, comme dit Augustin : « Ce n'est pas parce que les princes chrétiens ont commandé plus longtemps ou parce qu'ils ont laissé, par une mort paisible, l'empire à leurs fils ou parce qu'ils ont brisé les ennemis de la chose publique ou parce qu'ils ont pu se protéger des citoyens insurgés contre eux et les maîtriser, que nous disons qu'ils sont heureux, mais nous disons qu'ils sont heureux s'ils commandent avec justice, s'ils préfèrent commander sur les désirs plutôt que sur n'importe quelle nation, s'ils font toutes choses non poussés par l'ardeur d'une vaine gloire,

sed propter charitatem felicitatis eterne. Tales imperatores christianos felices dicimus, interim spe, postea re ipsa futuros, cum id quod expectamus advenerit ». Sed nec aliud aliquod creatum est quod hominem beatum faciat et possit regi decerni pro premio. Tendit enim uniuscuiusque rei desiderium in suum principium, a quo esse suum causatur ; causa vero mentis humane non est aliud quam Deus qui eam ad suam imaginem facit : solus igitur Deus est qui hominis desiderium quietare potest et facere hominem beatum et esse regi conveniens premium.

[7] Amplius, mens humana universalis boni cognoscitiva est per intellectum et desiderativa per voluntatem ; bonum autem universale non invenitur nisi in Deo, nichil igitur est quod possit hominem beatum facere eius implendo desiderium nisi Deus, de quo dicitur in Psalmo : « Qui replet in bonis desiderium tuum » ; in hoc ergo rex suum premium statuere debet. Hoc igitur considerans David rex dicebat : « Quid michi est in celo et a te quid volui super terram ? » ; cui questioni postea respondens subdit : « Michi adherere Deo bonum est et ponere in Deo spem meam ». Ipse enim est qui dat salutem regibus, non solum temporalem qua communiter salvat homines et iumenta, sed etiam eam de qua per Ysaiam dicit : « Salus autem mea in sempiternum erit », qua homines salvat eos ad equalitatem angelorum perducens.

mais par amour de la félicité éternelle. De tels empereurs chrétiens, nous les disons heureux, d'abord par l'espérance, et plus tard par la possession, quand ce que nous attendons sera advenu » [1]. Or, il n'y a aucune chose créée qui puisse rendre l'homme heureux et être décernée comme récompense à un roi. En effet, le désir de chaque chose tend vers le principe de cette chose, qui est la cause de son être. Or, la cause de l'esprit humain n'est rien d'autre que Dieu qui l'a fait à son image. Il n'y a donc que Dieu qui puisse apaiser le désir de l'homme, le rendre heureux et être la récompense convenable pour un roi.

[7] Qui plus est : l'esprit humain connaît le bien universel par l'intellect et le désire par la volonté. Or, le bien universel ne se trouve qu'en Dieu. Rien ne peut donc rendre l'homme heureux, ni satisfaire son désir, si ce n'est Dieu, dont il est dit dans le Psaume : « Il comble de biens ton désir » [2]. Le roi doit, par conséquent, placer en Lui sa récompense. Considérant donc ceci, le roi David disait : « Qu'il y-a-t-il pour moi au ciel ? Et à part toi, qu'ai-je voulu sur terre ? » [3], et répondant par la suite à une question, il ajoute : « Le bien est pour moi d'adhérer à Dieu et de mettre mon espérance en Dieu » [4]. En effet, Lui seul donne le salut aux rois [5], non un simple salut temporel grâce auquel Il conserve communément les hommes et les bêtes, mais celui à propos duquel Isaïe dit : « Or, mon salut sera éternel » [6], ce salut qui sauve les hommes et les élève à l'égalité des anges.

1. Augustin, *La Cité de Dieu*, V, 24.
2. Ps 102, 5.
3. Ps 72, 25.
4. Ps 72, 28.
5. *Cf.* Ps 143, 10.
6. Is 51, 6.

[8] Sic igitur verificari potest quod regis premium sit honor et gloria. Quis enim mundanus et caducus honor huic honori similis esse potest, ut homo sit civis sanctorum et domesticus Dei, et inter Dei filios computatus hereditatem regni celestis assequatur cum Christo? Hic est honor quem concupiscens et admirans rex David dicebat : « nimis honorati sunt amici tui, Deus ». Que insuper humane laudis gloria huic glorie comparari potest, quam non fallax blandientium lingua, non decepta hominum opinio profert, sed ex interioris conscientie testimonio prodit et Dei testimonio confirmatur qui suis confessoribus repromittit quod confiteatur eos in gloria Patris coram angelis Dei? Qui autem hanc gloriam querunt quam inveniunt, et quam non querunt gloriam hominum consequuntur, exemplo Salomonis qui non solum sapientiam quam quesivit accepit a Domino, sed factus est super reges alios gloriosus.

[8] Ainsi, on peut donc vérifier que la récompense du roi est l'honneur et la gloire. Quel honneur mondain et périssable peut, en effet, être semblable à celui qui fait l'homme citoyen parmi les saints [1], intime de Dieu, le compte au nombre des fils de Dieu et le fait héritier du royaume céleste avec le Christ ? Voilà l'honneur que désirait et qu'admirait le roi David, lorsqu'il disait : « Tes amis, Dieu, sont au plus haut point honorables » [2]. En outre, quelle gloire humaine peut être comparée à cette louange, qui ne peut être prononcée ni par les langues fausses des flatteurs, ni par l'opinion erronée des hommes, mais qui provient du témoignage intérieur de la conscience, et qui est confirmée par le témoignage de Dieu, promettant à ceux qui Le confessent qu'Il témoignera pour eux [3] devant l'assemblée des anges de Dieu dans la gloire du Père ? Or, ceux qui recherchent cette gloire divine la trouvent et ils obtiennent cette gloire des hommes qu'ils ne cherchent pas, à l'exemple de Salomon qui a non seulement reçu du Seigneur la sagesse qu'il cherchait, mais qui a été rendu glorieux, au-dessus des autres rois [4].

1. *Cf.* Eph 2, 19.
2. Ps 138, 17.
3. *Cf.* Mt 10, 32.
4. 1R 10, 23.

QUEM GRADUM IN BEATITUDINE
OPTINEBUNT REGES BEATI

[1] Considerandum autem restat ulterius, quod sublimen et eminentem obtinebunt celestis beatitudinis gradum qui officium regium digne et laudabiliter exequntur. Si enim beatitudo virtutis est premium, consequens est ut maiori virtuti maior gradus beatitudinis debeatur. Est autem virtus precipua qua homo aliquis non solum se ipsum, sed etiam alios dirigere potest, et tanto magis quanto plurium est regitiva, quia et secundum virtutem corporalem tanto aliquis virtuosior reputatur, quanto plures vincere potest aut pondera plura levare. Sic igitur maior virtus requiritur ad regendam domesticam familiam quam ad regendum se ipsum, multoque maior ad regimen civitatis et regni. Est igitur excellentis virtutis bene regium officium exercere : debetur igitur ei excellens in beatitudine premium.

CHAPITRE 9

LE DEGRÉ DE BÉATITUDE QU'OBTIENDRONT
LES ROIS BIENHEUREUX

[1] Il nous reste encore à considérer que ceux qui exercent leur office de roi d'une manière digne et louable obtiendront un degré de béatitude céleste sublime et éminent. Si, en effet, la béatitude est la récompense de la vertu, il en résulte qu'à une vertu plus grande serait dû un degré plus élevé de béatitude. Or, elle est supérieure la vertu grâce à laquelle un homme non seulement se dirige lui-même, mais est également capable d'en diriger d'autres ; et elle l'est d'autant plus qu'elle dirige un plus grand nombre[1], car il en va de même concernant la vertu corporelle : quelqu'un est réputé être d'autant plus valeureux qu'il peut vaincre plus d'ennemis ou soulever plus de poids. Ainsi donc, une plus grande vertu est requise pour diriger une famille que pour se diriger soi-même, et une vertu encore bien plus grande pour le gouvernement d'une cité ou d'un royaume. Bien exercer l'office de roi est donc le fait d'une vertu supérieure ; c'est pourquoi une récompense supérieure dans la béatitude lui est due.

1. Aristote, *Éthique à Nicomaque*, V, 3, 1129b31-1130a8 ; *Rhétorique*, I, 9, 1366b3, trad. P. Chiron, Paris, GF-Flammarion, 2007. *Cf.* Thomas d'Aquin, *Sententia libri Ethicorum*, V, 2, éd. cit., p. 269.

[2] Adhuc, in omnibus artibus et potentiis laudabiliores sunt qui alios bene dirigunt, quam qui secundum aliorum directionem bene se habent. In speculativis enim maius est veritatem docendo aliis tradere, quam quod ab alio docetur capere posse; in artificiis etiam maior estimatur maiorique conducitur premio architector qui edificium disponit, quam artifex qui secundum eius dispositionem manualiter operatur; et in rebus bellicis maiorem gloriam de victoria consequitur prudentia ducis quam militis fortitudo. Sic autem se habet rector multitudinis in hiis que sunt a singulis secundum virtutem agenda, sicut doctor in disciplinis et architector in edificiis et dux in bellis. Est igitur rex maiori premio dignus si bene subiectos gubernaverit, quam aliquis subditorum si sub rege bene se habuerit.

[3] Amplius, si virtutis est ut per eam opus hominis bonum reddatur, maioris virtutis esse videtur quod maius bonum aliquis operetur. Maius autem et divinius est bonum multitudinis quam unius; unde et interdum malum unius sustinetur si in bonum multitudinis cedat, sicut occiditur latro ut pax multitudini detur. Et ipse Deus mala esse in mundo non sineret, nisi ex eis bona eliceret ad utilitatem

[2] En outre, dans tous les arts et toutes les puissances, ceux qui dirigent bien les autres sont plus dignes de louange que ceux qui se comportent bien sous la direction des autres. En effet, dans les sciences spéculatives, il est plus grand de transmettre la vérité aux autres en l'enseignant que de pouvoir recevoir ce qui est enseigné par un autre. De même, dans les arts, on estime davantage et on paie d'un plus grand prix l'architecte qui conçoit l'édifice que l'artisan qui réalise le travail manuel selon la conception de l'architecte. De même encore, dans les choses de la guerre, la prudence du chef tire une plus grande gloire de la victoire que le courage du soldat. Or, le recteur de la multitude se rapporte aux actions qui doivent être faites, selon la vertu, par les individus, de la même manière que le docteur par rapport aux disciplines enseignées, l'architecte par rapport aux édifices et le chef par rapport aux batailles. Le roi, s'il gouverne bien ses sujets, sera donc digne d'une plus grande récompense que l'un de ses sujets qui se sera bien comporté sous la direction du roi.

[3] De plus, si le propre de la vertu consiste à rendre bonne l'action de l'homme, il semble que le propre d'une vertu plus grande sera que, par elle, on opère un bien plus grand. Or, le bien de la multitude est plus grand et plus divin que le bien d'un seul homme[1], c'est pourquoi l'on supporte parfois le malheur d'un seul homme, s'il profite au bien de la multitude ; par exemple, on met à mort un voleur, afin de donner la paix à la multitude[2]. Et Dieu Lui-même ne permettrait pas qu'il y ait des maux dans le monde, s'Il n'en tirait pas des biens pour l'utilité

1. Aristote, *Éthique à Nicomaque*, I, 1, 1094b10. *Cf.* Thomas d'Aquin, *Sententia libri Ethicorum*, I, 2, éd. cit., p. 9 et *Sententia libri Politicorum*, I, 1/a, éd. cit., p. A72.

2. *Cf.* Thomas d'Aquin, *Somme théologique*, I-II, q. 19, a. 10.

et pulchritudinem universi. Pertinet autem ad regis officium ut bonum multitudinis studiose procuret; maius igitur premium debetur regi pro bono regimine, quam subdito pro recta actione.

[4] Hoc autem manifestius fiet si quis magis in speciali consideret. Laudatur enim ab hominibus quevis privata persona et ei a Deo computatur in premium, si egenti subveniat, si discordantes pacificet, si oppressum a potentiore eripiat, denique si alicui qualitercumque opem vel consilium conferat ad salutem. Quanto igitur magis laudandus est ab hominibus et premiandus a Deo, qui totam provinciam facit pace gaudere, violentias cohibet, iustitiam servat, et disponit quid sit agendum ab hominibus suis legibus et preceptis.

[5] Hinc etiam magnitudo regie virtutis apparet quod precipue Dei similitudinem gerit, dum hoc agit in regno quod Deus in mundo : unde et in Exodo iudices multitudinis dii vocantur ; imperatores etiam apud Romanos divi vocabantur. Tanto autem est aliquid Deo acceptum, quanto magis ad eius imitationem accedit ; unde et Apostolus monet : « Estote imitatores Dei, sicut filii karissimi ». Sed si secundum Sapientis sententiam, « omne animal diligit simile sibi », secundum quod cause aliqualiter similitudinem habent causata, consequens igitur est bonos reges Deo esse acceptissimos et ab eo maxime premiandos.

et la beauté de l'univers. Or, il appartient à l'office du roi de procurer avec zèle le bien de la multitude. Une récompense plus grande est donc due au roi pour son bon gouvernement qu'à un sujet pour une bonne action.

[4] Or, cela devient plus manifeste, si on le considère plus spécifiquement. En effet, les hommes louent et Dieu récompense une personne privée, si elle aide les nécessiteux, pacifie ceux qui sont en désaccord, secourt celui qui est opprimé par un puissant; apporte enfin à autrui, de quelque manière, une assistance ou un conseil utile à son salut. Combien donc sera davantage loué par les hommes et récompensé par Dieu celui qui fait jouir toute une province de la paix, qui empêche les violences, conserve la justice et établit par ses lois et ses préceptes ce que doivent faire les hommes?

[5] La grandeur de la vertu royale se manifeste aussi en ce qu'elle porte au plus haut degré la ressemblance avec Dieu, en réalisant dans un royaume ce que Dieu fait dans le monde. C'est pour cette raison que, dans l'Exode, les juges de la multitude sont appelés des dieux [1], et chez les Romains, les empereurs étaient également qualifiés de divins [2]. Or, une chose est d'autant plus agréable à Dieu qu'elle se rapproche plus de son imitation; c'est pourquoi l'Apôtre donne ce conseil : « Soyez imitateurs de Dieu, comme ses fils bien-aimés » [3]. Mais si, selon la sentence du Sage, « tout vivant aime son semblable » [4], selon que les êtres causés ont d'une certaine façon une ressemblance avec leur cause, il s'ensuit donc que les bons rois sont très chers à Dieu et doivent être le plus récompensés par Lui.

1. Ex 22, 8.
2. *Cf.* Thomas d'Aquin, *Somme théologique*, II-II, q. 99, a. 1, ad 1.
3. Eph 5,1.
4. Sir 13, 19.

[6] Simul etiam, ut Gregorii verbis utar, « quid est <potestas culminis> nisi tempestas mentis? ». Quieto autem mari recte navem etiam imperitus dirigit, turbato autem mari tempestatis fluctibus etiam peritus nauta confundit; unde plerumque in occupatione regiminis ipse quoque boni operis usus perditur, qui in tranquillitate tenebatur. Valde enim difficile est si, ut Augustinus dicit, « inter linguas sublimiter et honorantium et obsequia nimis humiliter salutantium non extolluntur, sed se homines esse meminerunt ». Et in Ecclesiastico beatus dicitur « dives qui post aurum non abiit, nec speravit in pecunia et thesauris; qui potuit impune transgredi et non est transgressus, facere mala et non fecit » : ex quo quasi in virtutis opere probatus, invenitur fidelis. Unde secundum Biantis proverbium « principatus virum ostendit » : multi enim ad principatus culmen pervenientes a virtute deficiunt, qui dum in statu essent infimo virtuosi videbantur. Ipsa igitur difficultas que principibus imminet ad bene agendum, eos facit maiori premio dignos; et si aliquando per infirmitatem peccaverint, apud homines excusabiliores redduntur et facilius a Deo veniam promerentur, si tamen,

[6] Et de même, pour avoir recours aux paroles de Grégoire : qu'est-ce qu'un <pouvoir à son apogée>, si ce n'est une tempête de l'esprit[1]. Lorsque la mer est calme, même un homme inexpérimenté dirige correctement un navire ; mais lorsqu'elle est troublée par les flots de la tempête, même un marin expérimenté est désorienté ; et c'est pourquoi, souvent, dans les occupations du gouvernement, se perd l'habitude de bien agir, que l'on conservait cependant dans la tranquillité. Il est, en effet, très difficile, comme le dit Augustin, « d'éviter, au milieu des paroles honorant sublimement et des révérences saluant de manière trop humble, de se glorifier, mais on n'en oublie qu'on est un homme »[2]. Dans l'Ecclésiastique, il est dit que le bienheureux est : « le riche qui n'a pas couru après l'or, et qui n'a pas placé son espoir dans l'argent et les trésors, qui aurait pu impunément transgresser la loi et ne l'a pas transgressée, faire le mal et ne l'a pas fait »[3]. C'est pourquoi on le trouve fidèle dans la mesure où il a été éprouvé dans la mise en œuvre de la vertu, d'où le proverbe de Bias : « L'exercice du pouvoir révèle l'homme »[4]. En effet, beaucoup, parvenant au sommet de l'exercice du pouvoir, déchoient de la vertu, alors qu'ils semblaient vertueux lorsqu'ils étaient dans une condition plus basse. La difficulté même qui menace donc les dirigeants dans l'accomplissement du bien les rend dignes d'une plus grande récompense, et s'ils ont parfois péché par faiblesse, cela les rend plus excusables devant les hommes et ils obtiennent plus facilement le pardon de Dieu, si toutefois,

1. Grégoire le Grand, *Regula pastoralis*, I, 9, PL 77, col. 22B.
2. Augustin, *La Cité de Dieu*, V, 24.
3. Sir 31, 8 et 10.
4. Aristote, *Éthique à Nicomaque*, V, 3, 1130a1. *Cf.* Thomas d'Aquin, *Sententia libri Ethicorum*, V, 2, éd. cit., p. 269.

ut Augustinus dicit, « pro suis peccatis humilitatis et miserationis et orationis sacrificium Deo suo vero immolare non negligunt ». In cuius rei exemplum de Achab rege Israel, qui multum peccaverat, Dominus ad Heliam dixit : « Quia humiliatus est mei causam, non inducam malum in diebus eius ».

[7] Non autem solum ratione ostenditur quod regibus excellens premium debeatur, sed etiam auctoritate divina firmatur. Dicitur enim in Zacharia quod in illa beatitudinis die qua erit Dominus protector habitantium in Ierusalem, id est in visione pacis eterne, aliorum domus erunt sicut domus David, quia scilicet omnes reges erunt et regnabunt cum Christo sicut membra cum capite ; sed domus David erit sicut domus Dei, quia sicut regendo fideliter Dei officium gessit in populo, ita in premio Deo propinquius inherebit. Hoc etiam fuit apud Gentiles aliqualiter sompniatum, dum civitatum rectores atque servatores in deos transformari putabant.

comme le dit Augustin, « ils n'ont pas omis d'offrir au vrai Dieu qui est le leur un sacrifice d'humilité, de miséricorde et de prières pour leurs péchés »[1]. On a pour exemple Achab[2], roi d'Israël, qui avait beaucoup péché, au sujet de qui le Seigneur dit à Élie : « Parce qu'il s'est humilié à cause de moi, je ne lui enverrai pas de malheur pendant sa vie »[3].

[7] Or, qu'une récompense supérieure est due aux rois est non seulement montré par la raison, mais aussi confirmé par l'autorité divine. Il est en effet dit dans le livre de Zacharie[4] que, dans ce jour de béatitude où le Seigneur sera le protecteur des habitants de Jérusalem (c'est-à-dire dans la vision de la paix éternelle), les maisons de tous seront comme la maison de David, parce que tous seront rois et régneront avec le Christ, tels les membres avec leur tête. Or, la maison de David sera comme la maison de Dieu, car, de même qu'en dirigeant fidèlement il a réalisé l'office de Dieu dans le peuple, ainsi dans sa récompense il reste uni de plus près à Dieu. Les païens en avaient aussi le pressentiment lorsqu'ils pensèrent transformer en dieux les recteurs et les gardiens de leurs cités.

---

1. Augustin, *La Cité de Dieu*, V, 24.
2. Achab, roi d'Israël entre 874 et 853 av. J.-C., qui épousa la princesse phénicienne Jézabel et se mit à adorer son dieu, Baal.
3. 1R 21, 29.
4. Za 12, 8.

QUE BONA PERDANT TYRANNI
QUE REGIBUS EXHIBENTUR

[1] Cum regibus tam grande in celesti beatitudine premium proponatur si bene in regendo se habuerint, diligenti cura se ipsos observare debent ne in tyrannidem convertantur. Nichil enim eis acceptabilius esse potest quam quod, ex honore regio quo sublimantur in terris, in celestis regni gloriam transferantur. E contra vero tyranni, qui propter quedam terrena commoda iustitiam deserunt, tanto privantur premio quod adipisci poterant iuste regendo. Quam autem stultum sit pro huiusmodi parvis et temporalibus bonis maxima et sempiterna perdere bona, nullus nisi stultus aut infidelis ignorat.

[2] Addendum est autem quod etiam hec temporalia commoda, propter que tyranni iustitiam deserunt, magis ad lucrum proveniunt regibus dum iustitiam servant. Primo namque inter mundana omnia nichil est quod amicitie digne preferendum videatur. Ipsa enim est que virtuosos in unum conciliat, virtutem conservat atque promovet. Ipsa est qua omnes indigent in quibuscumque negotiis exequendis,

CHAPITRE 10

LES TYRANS PERDENT LES BIENS
QUI SONT DÉSIGNÉS POUR LES ROIS

[1] Puisqu'une si grande récompense est ainsi proposée aux rois dans la béatitude céleste, s'ils se conduisent bien en dirigeant, ils doivent s'observer eux-mêmes avec un soin diligent pour ne pas tomber dans la tyrannie. Rien, en effet, ne peut plus leur importer que de passer de l'honneur royal, qui les élève sur terre, à la gloire du royaume céleste. Mais au contraire, les tyrans, parce qu'ils ont délaissé la justice au profit de certains avantages terrestres, sont privés d'une bien grande récompense qu'ils auraient pu acquérir en dirigeant avec justice. Qu'il est insensé de perdre les biens les plus grands et éternels pour des biens de cette sorte, minimes et temporels, et personne, sauf l'insensé et l'incroyant, ne l'ignore !

[2] Or, il faut ajouter que ces avantages temporels, pour lesquels les tyrans délaissent la justice, profitent davantage aux rois, du fait qu'ils préservent la justice. Tout d'abord, en effet, parmi toutes les choses de ce monde, nul ne semble préférable à une digne amitié, car c'est elle qui unit les hommes vertueux, qui conserve et promeut la vertu. C'est elle aussi dont tous ont besoin dans toutes les activités

que nec prosperis importune se ingerit, nec deserit in adversis. Ipsa est que maximas delectationes affert, in tantum ut quecumque delectabilia in tedium sine amicis vertantur; quelibet autem aspera, facilia et prope nulla facit amor. Nec est alicuius tyranni tanta crudelitas ut amicitia non delectetur. Dionysius enim quondam Syracusanorum tyrannus cum duorum amicorum, qui Damon et Pythias dicebantur, alterum occidere vellet, is qui occidendus erat, inducias impetravit ut domum profectus res suas ordinaret; alter vero amicorum obsidem se tyranno ob fidem pro eius reditu dedit. Appropinquante autem prefixo die nec illo redeunte, unusquisque fideiussorem stultitie arguebat; at ille nichil se de amici constantia metuere predicabat. Eadem autem hora que fuerat prefixa, occidendus rediit. Ammirans autem amborum animum, tyrannus supplicium propter fidem amicitie remisit, insuper rogans ut eum tertium reciperent in amicitie gradu.

[3] Hoc tamen amicitie bonum quamvis desiderent tyranni, consequi non possunt. Dum enim commune bonum non querunt sed proprium, fit parva vel nulla communio eorum ad subditos; omnis autem amicitia super aliqua communione firmatur : eos enim qui conveniunt vel per nature originem vel per morum similitudinem vel per

qu'ils ont à mener, sans qu'elle vienne les importuner dans la prospérité, ni les abandonner dans l'adversité. C'est elle qui apporte les plus grands plaisirs, à tel point que, sans amis, n'importe quelle chose plaisante se transforme en dégoût, alors que l'amour rend n'importe quelle épreuve facile et presque nulle[1]. Et la cruauté d'un tyran n'est pas si grande qu'il ne tire plaisir de l'amitié. En effet, lorsque Denys, tyran de Syracuse, voulut faire tuer l'un des deux amis nommés Damon et Pythias[2], celui qui devait être tué obtint un délai pour rentrer chez lui et mettre ses affaires en ordre, et l'autre se donna au tyran comme gage du retour de son ami. Cependant, comme le jour fixé approchait et que l'autre ne revenait pas, tout un chacun accusait de stupidité celui qui s'était porté garant, mais ce dernier prévenait qu'il n'avait aucune crainte au sujet de la constance de son ami. Or, à l'heure même fixée pour son exécution, celui qui devait être mis à mort revint. Admiratif de l'esprit de chacun d'eux, le tyran fit grâce du supplice en raison de la fidélité de leur amitié, les priant, en outre, de l'accepter comme troisième dans le rang d'amitié.

[3] Ce bien de l'amitié, les tyrans, bien qu'ils le désirent, ne peuvent cependant l'obtenir. En effet, du fait qu'ils ne cherchent pas le bien commun, mais leur bien propre, il y a peu de place, voire aucune, pour une communion avec leurs sujets. Or, toute amitié se fonde sur une certaine communion[3]; en effet, nous voyons que ceux qui sont liés par l'amitié se rejoignent soit par leur origine naturelle, soit dans la ressemblance de leurs mœurs, soit dans la

---

1. Aristote, *Éthique à Nicomaque*, VIII, 1, 1155a3-11.

2. Valère Maxime, *Faits et dits mémorables*, IV, 7, ext. 1. Voir aussi Vincent de Beauvais, *Speculum doctrinale*, V, 84.

3. Aristote, *Éthique à Nicomaque*, VIII, 11, 1159b31-32 et 14, 1161b11. *Cf.* Thomas d'Aquin, *Sent entia libri Ethicorum*, VIII, 12, éd. cit., p. 485; *Somme théologique*, II-II, q. 23, a. 5.

cuiuscumque societatis communionem, videmus amicitia coniungi; parva igitur vel potius nulla est amicitia tyranni et subditi. Simulque dum subditi per tyrannicam iniustitiam opprimuntur, et se amari non sentiunt sed contempni, nequaquam amant. Est enim maioris virtutis inimicos diligere et persequentibus benefacere quam quod a multitudine observatur; nec habent unde de subditis conquerantur si ab eis non diligantur, quia nec ipsi se tales eis exhibent ut diligi debeant.

[4] At boni reges dum communi profectui studiose intendunt et eorum studio subditi plurima commoda se consequi sentiunt, diliguntur a plurimis, dum subditos se amare demonstrant; quia et hoc est maioris malitie quam quod in multitudine cadat, ut odio habeantur amici et benefactoribus rependatur malum pro bono. Et ex hoc amore provenit quod bonorum regum regimen sit stabile, dum pro ipsis se subditi quibuscumque periculis exponere non recusant. Cuius exemplum in Iulio Cesare apparet, de quo Suetonius refert quod milites suos usque adeo diligebat ut, audita quorumdam cede, capillos et barbam ante non dempserit quam vindicasset; quibus rebus devotissimos sibi et strenuissimos milites reddidit, ita quod plerique

communion de quelque société. L'amitié entre les tyrans et leurs sujets est donc faible ou plutôt nulle. Pareillement, comme les sujets sont opprimés par l'injustice du tyran et ne se sentent pas aimés, mais méprisés, ils ne l'aiment en aucune façon. Aimer ses ennemis et faire du bien à ses oppresseurs relève en effet d'une vertu plus grande que celle que l'on observe dans la multitude. Ainsi, les tyrans n'ont pas de raison de se plaindre de leurs sujets, s'ils ne sont pas aimés d'eux, car ils ne se montrent pas à eux tels qu'ils devraient en être aimés.

[4] Quant aux bons rois, quand ils s'appliquent de tout leur soin au progrès commun et que leurs sujets sentent qu'ils retirent de leur soin vraiment beaucoup d'avantages, ils sont aimés du plus grand nombre du fait qu'ils manifestent leur amour pour leurs sujets, car il ne peut arriver plus grande perversité dans une multitude que de haïr ses amis et rendre le mal pour le bien à ses bienfaiteurs. De cet amour, provient la stabilité du gouvernement des bons rois, du fait que leurs sujets ne répugnent pas à s'exposer à toute sorte de dangers pour eux. On en trouve un exemple chez Jules César[1], dont Suétone[2] rapporte qu'il aimait à tel point ses soldats qu'ayant appris que certains avaient été massacrés, il ne se coupa pas les cheveux et la barbe avant de s'être vengé; de la sorte, il rendit ses soldats tellement dévoués à lui et courageux, que plusieurs d'entre

1. Jules César (100 av. J.-C. – 44 av. J.-C), célèbre général et homme politique, plusieurs fois consul, puis dictateur à vie avant d'être assassiné. Il fut divinisé et son fils adoptif, Octave Auguste, acheva la réforme de la République romaine, qui laissa place au principat et à l'Empire romain. Il est intéressant de constater que Thomas d'Aquin le cite comme exemple de bon roi (ou prince).

2. Suétone, *Vie des douze Césars*, *Jules César*, 67, trad. H. Ailloud, Paris, Les Belles Lettres, 1989.

eorum capti concessam sibi sub ea conditione vitam, si militare adversus Cesarem vellent, recusarent. Octavianus etiam Augustus, qui modestissime imperio usus est, in tantum diligebatur a subditis ut plerique morientes victimas quas devoverant immolari mandarent quia eum superstitem reliquissent. Non est ergo facile ut principis perturbetur dominium quem tanto consensu populus amat; propter quod Salomon dicit : « Rex qui iudicat in iustitia pauperes, thronus eius in eternum firmabitur ».

[5] Tyrannorum vero dominium diuturnum esse non potest, cum sit multitudini odiosum; non potest enim diu conservari quod votis multorum repugnat. Vix enim a quoquam presens vita transigitur quin aliquas adversitates patiatur; adversitatis autem tempore occasio deesse non potest contra tyrannum insurgendi, et si assit occasio, non deerit ex multis vel unus qui occasione non utatur. Insurgentem autem populus votive prosequitur, nec de facili carebit effectu quod cum favore multitudinis attemptatur. Vix ergo potest contingere quod tyranni dominium protendatur in longum.

[6] Hoc etiam manifeste patet, si quis consideret unde tyranni dominium conservetur. Non enim conservatur amore, cum parva vel nulla sit amicitia subiecte multitudinis ad tyrannum, ut ex prehabitis patet.

eux, ayant été faits prisonniers, refusèrent de sauver la vie qu'on leur accordait, à condition qu'ils acceptassent de combattre contre César. De même, Octavien Auguste [1], qui usa de son empire de manière très modeste, fut tellement aimé par ses sujets que plusieurs, au moment de mourir, envoyèrent des victimes qu'ils avaient vouées au sacrifice, parce qu'il leur avait survécu. Il n'est donc pas facile d'ébranler la seigneurie d'un prince que le peuple aime d'une affection si unanime ; d'où ce que dit Salomon : « Un roi qui juge les pauvres avec justice aura son trône affermi pour l'éternité » [2].

[5] En revanche, la seigneurie des tyrans ne peut pas être durable, car elle est odieuse à la multitude. En effet, ce qui va à l'encontre des vœux du grand nombre ne peut se conserver longtemps. Il est en effet rare qu'un homme traverse la vie présente sans rencontrer certaines adversités. Or, en temps d'adversité, l'occasion ne peut manquer de s'insurger contre le tyran, et si l'occasion se présente, il se trouvera au moins un homme au sein de la multitude pour la saisir. Le peuple accompagne alors l'insurgé de ses vœux, et ce qui est tenté avec la faveur de la multitude manquera difficilement d'aboutir. Il ne peut donc guère arriver que la seigneurie du tyran se prolonge longtemps.

[6] Ceci est aussi manifeste, si on considère ce qui permet au tyran de conserver sa seigneurie. En effet, ce n'est pas par l'amour qu'il est conservé, puisqu'il y a peu, voire aucune amitié à l'égard du tyran de la part de la multitude soumise, comme nous l'avons vu précédemment [3].

---

1. Suétone, *Vie des douze Césars*, *Auguste*, 59. Auguste, d'abord appelé Octave puis Octavien, est le premier empereur romain, du 16 janvier 27 av. J.-C. au 19 août 14 ap. J.-C.

2. Pr 29, 14.

3. Cf. *supra*, § 3 et § 5.

De subditorum autem fide tyrannis confidendum non est : non enim invenitur tanta virtus in multis, ut fidelitatis virtute reprimantur ne indebite servitutis iugum si possunt excutiant. Fortassis autem nec fidelitati contrarium reputabitur secundum opinionem multorum, si tyrannice nequitie qualitercumque obvietur. Restat ergo ut solo timore tyranni regimen sustentetur, unde et timeri se a subditis tota intentione procurant. Timor autem est debile firmamentum ; nam qui timore subduntur, si occurrat occasio qua possint impunitatem sperare, contra presidentes insurgunt eo ardentius quo magis contra voluntatem ex solo timore cohibebantur, sicut si aqua per violentiam includatur, cum aditum invenerit impetuosius fluit. Sed nec ipse timor caret periculo, cum ex nimio timore plerique in desperationem inciderunt ; salutis autem desperatio audacter ad quelibet attendenda precipitat. Non potest igitur tyranni dominium esse diuturnum.

[7] Hoc etiam non minus exemplis quam rationibus apparet. Si quis enim antiquorum gesta et modernorum eventus consideret, vix inveniet tyranni alicuius dominium diuturnum fuisse ; unde Aristotiles in sua *Politica*, multis tyrannis enumeratis, omnium demonstrat dominium brevi tempore fuisse finitum ; quorum tamen aliqui diutius prefuerunt, quia non multum in tyrannide excedebant sed quantum ad multa imitabantur regalem modestiam.

Or, les tyrans ne doivent pas avoir confiance en la fidélité des sujets ; en effet, on ne trouve pas chez eux une vertu telle qu'ils se retiennent, grâce à cette vertu de fidélité, de rejeter le joug d'une injuste servitude, s'ils peuvent le faire. Peut-être même, selon l'opinion de beaucoup, cela ne serait pas considéré comme contraire à la fidélité, de s'opposer d'une manière ou d'une autre à la malignité tyrannique. Il ne reste donc, pour maintenir le gouvernement du tyran, que la crainte, c'est pourquoi les tyrans appliquent toute leur énergie à se faire craindre de leurs sujets. Or, la crainte est un fondement fragile ; en effet, ceux qui sont soumis par la crainte s'insurgent contre leurs dirigeants, si l'occasion se présente pour le faire en toute impunité, avec d'autant plus d'ardeur que leur volonté était plus jugulée par cette seule crainte, tout comme l'eau se déverse, quand elle a trouvé une issue, avec une impétuosité d'autant plus grande qu'elle a été plus violemment endiguée. En outre, la crainte elle-même n'est pas sans danger, car beaucoup sont tombés dans le désespoir par excès de crainte. Or, désespérer de son salut donne l'audace de se précipiter dans n'importe quelle tentative. La seigneurie du tyran ne peut donc pas être de longue durée.

[7] Les exemples rendent ce fait non moins évident que les arguments rationnels. Si on examine autant les actions des Anciens que les événements de l'époque moderne, on trouvera difficilement une seigneurie tyrannique de longue durée. C'est pourquoi, Aristote, dans sa *Politique*[1], après avoir énuméré de nombreux tyrans, montre que la seigneurie de tous ceux-ci a rapidement pris fin, bien que certains d'entre eux soient restés au pouvoir plus longtemps, parce qu'ils ne commettaient pas trop d'excès de tyrannie, mais imitaient plutôt la modération royale en beaucoup de choses.

1. Aristote, *Les Politiques*, V, 12, 1315b11-39.

[8] Adhuc autem, hoc magis fit manifestum ex consideratione divini iudicii. Ut enim in Iob dicitur, « regnare facit hominem hypocritam propter peccata populi ». Nullus autem verius hypocrita dici potest quam qui regis assumit officium et exhibet se tyrannum ; nam hypocrita dicitur qui alterius representat personam, sicut in spectaculis fieri consuevit. Sic igitur Deus prefici permittit tyrannos ad puniendum subditorum peccata. Talis autem punitio in Scripturis ira Dei consuevit nominari ; unde per Osee Dominus dicit : « Dabo vobis regem in furore meo ». Infelix est autem rex qui populo in furore Dei conceditur : non enim eius stabile potest esse dominium, quia « non obliviscetur misereri Deus, nec continebit in ira sua misericordias suas » ; quinimmo, per Ioelem dicitur, « est patiens, et multe misericordie, et prestabilis super malitia ». Non igitur permittet Deus diu regnare tyrannos, sed post tempestatem per eos inductam populo, per eorum deiectionem tranquillitatem inducet ; unde Sapiens dicit : « Sedes ducum superborum destruxit Deus et sedere fecit mites pro eis ».

[9] Experimento etiam apparet quod reges magis per iustitiam adipiscuntur divitias, quam per rapinam tyranni. Quia enim tyrannorum dominium subiecte multitudini displicet, opus habent tyranni multos habere satellites per quos contra subditos tuti reddantur, in quibus necesse est

[8] En outre, ceci devient plus manifeste, quand on considère le jugement de Dieu. Comme il est dit dans le livre de Job : « Dieu fait régner l'homme hypocrite à cause des péchés du peuple » [1]. Or, personne ne peut être nommé hypocrite avec plus de vérité que celui qui assume l'office du roi et se montre un tyran, car on appelle hypocrite celui qui joue le rôle de quelqu'un d'autre, comme on a l'habitude de le faire au théâtre. Ainsi donc, Dieu permet que les tyrans soient au pouvoir pour punir les péchés des sujets. Or, une telle punition est ordinairement appelée dans les Écritures « colère de Dieu » ; c'est pourquoi le Seigneur dit par la bouche d'Osée : « Je te donnerai un roi dans ma fureur » [2]. Et, malheureux le roi accordé à un peuple dans la fureur de Dieu, car sa seigneurie ne peut pas être stable, puisque « Dieu n'oubliera pas d'avoir pitié, et il ne retiendra pas dans sa colère ses miséricordes » [3]. N'est-il pas dit par Joël : « Il est patient, plein de miséricorde et au-dessus de la méchanceté » [4] ? Dieu ne permet donc pas aux tyrans de régner longtemps, et après qu'ils ont déchaîné la tempête sur le peuple, Il amènera la tranquillité par leur chute. C'est pourquoi, le Sage dit : « Dieu a détruit le trône des chefs orgueilleux, et il fait asseoir les doux à leur place » [5].

[9] L'expérience montre aussi que les rois acquièrent plus de richesse par la justice que les tyrans par leurs pillages. Parce qu'en effet, la seigneurie des tyrans déplaît à la multitude qui leur est soumise, les tyrans ont besoin de beaucoup d'auxiliaires pour maintenir leur sécurité contre leurs sujets ; pour ceux-là, il leur est nécessaire de

1. Jb 34, 30.
2. Os 13, 30.
3. Ps 76, 10.
4. Jl 2, 13.
5. Sir 10, 17.

plura expendere quam a subditis rapiant. Regum autem
dominium quia subditis placet, omnes subditos pro
satellitibus ad custodiam habet, in quibus expendere opus
non habent, sed interdum in necessitatibus plura regibus
sponte donant quam tyranni diripere possint : et sic impletur
quod Salomon dicit : « Alii », scilicet reges, « dividunt
propria benefaciendo subiectis et divitiores fiunt; alii »,
scilicet tyranni, « rapiunt non sua et semper in egestate
sunt ». Similiter autem iusto Dei contingit iudicio, ut qui
divitias iniuste congregant inutiliter eas dispergant, aut
etiam iuste auferantur ab eis. Ut enim Salomon dicit,
« avarus non implebitur pecunia, et qui amat divitias
fructum non capiet ex eis »; quinimmo, ut alibi dicit :
« conturbat domum suam, qui sectatur avaritiam ». Reges
vero dum iustitiam querunt, divitie ipsis adiciuntur a Deo,
sicut Salomoni qui, dum sapientiam quesivit ad faciendum
iudicium, promissionem de habundantia divitiarum accepit.

[10] De fama vero superfluum videtur dicere. Quis
enim dubitet bonos reges non solum in vita, sed magis
post mortem quodammodo laudibus hominum vivere,
et in desiderio haberi, malorum vero nomen aut statim

dépenser plus que ce qu'ils ne gagnent en pillant leurs sujets. À l'inverse, la seigneurie des rois, parce qu'elle plaît aux sujets, les a tous comme auxiliaires de sa sécurité, pour lesquels on n'a pas besoin de dépenser de l'argent, et qui même parfois, en cas de nécessité, donnent spontanément bien plus aux rois que ce que les tyrans pourraient leur arracher[1]. Se trouve ainsi réalisé ce que dit Salomon : « Les uns », c'est-à-dire les rois, « partagent leurs possessions et en font profiter leurs sujets, et ils deviennent plus riches ; les autres », c'est-à-dire les tyrans, « pillent les biens qui ne leur appartiennent pas et sont constamment dans le besoin »[2]. De la même manière, il arrive aussi, par un juste jugement de Dieu, que ceux qui amassent des richesses injustement les dispersent inutilement, ou même qu'elles leur soient justement retirées. En effet, comme le dit Salomon : « L'avare ne sera pas satisfait par l'argent, et celui qui aime les richesses n'en recueillera pas le fruit »[3]. N'est-il pas écrit ailleurs : « Celui qui suit son avarice sème le trouble dans sa maison »[4]. À l'inverse, les rois qui cherchent la justice reçoivent des richesses de Dieu, comme Salomon qui, ayant demandé la sagesse pour rendre un jugement, reçut la promesse d'une abondance de richesses[5].

[10] Quant à la renommée, il semble superflu d'en parler : qui douterait que les bons rois, non seulement en cette vie, mais plus encore après la mort, ne vivent en un certain sens au travers des louanges des hommes et n'en soient regrettés, alors que le nom des mauvais rois soit

1. Aristote, *Les Politiques*, III, 14, 1285a24-29.
2. Pr 11, 24.
3. Sir 5, 9.
4. Pr 15, 27.
5. 2Ch 1, 10-12.

deficere, vel, si excellentes in malitia fuerint, cum detestatione ipsorum rememoratur. Unde Salomon dicit : « Memoria iusti cum laudibus, nomen autem impiorum putrescet », quia vel deficit, vel remanet cum fetore.

s'efface aussitôt, soit, si les mauvais rois ont été d'une cruauté supérieure, laisse aux hommes un souvenir détestable ? Ainsi Salomon dit-il : « La mémoire du juste demeure avec les louanges, mais le nom des impies se corrompt »[1], c'est-à-dire soit il s'efface, soit il demeure avec sa puanteur.

1. Pr 10, 7.

QUE SUPPLICIA SUSTINEBUNT TYRANNI

[1] Ex hiis ergo manifestum est quod stabilitas potestatis, divitie, honor et fama magis regibus quam tyrannis ad votum proveniunt, propter que tamen indebite adipiscenda declinat in tyrannidem principes : nullus enim a iustitia declinat nisi cupiditate alicuius commodi tractus. Privatur insuper tyrannus excellentissima beatitudine que regibus debetur pro premio et, quod est gravius, maximum tormentum sibi acquirit in penis : si enim qui unum hominem spoliat vel in servitutem redigit vel occidit maximam penam meretur, quantum quidem ad iudicium humanum mortem, quantum vero ad iudicium Dei damnationem eternam, quanto magis putandum est tyrannum deteriora mereri supplicia, qui undique ab omnibus rapit, contra omnium libertatem laborat, pro libito voluntatis quoscumque interficit. Tales insuper raro penitent, vento inflati superbie, merito peccatorum a Deo deserti et adulationibus hominum delibuti, et rarius digne satisfacere possunt.

Chapitre 11

LES SUPPLICES QU'ENDURERONT
LES TYRANS

[1] D'après ce qui a été dit, il est donc manifeste que la stabilité du pouvoir, les richesses, l'honneur et la renommée exaucent davantage les vœux des rois que des tyrans, et pourtant, c'est en désirant acquérir injustement ces choses que les princes tombent dans la tyrannie. Personne, en effet, ne se détourne de la justice, sauf s'il est poussé par le désir de quelque avantage. Le tyran se prive en outre de la béatitude la plus supérieure, qui revient aux rois comme récompense et, ce qui est plus grave, il se réserve le plus grand tourment en guise de châtiment. En effet, si celui qui vole un homme ou qui l'asservit ou le tue mérite le plus grand châtiment, lequel est certes, quant au jugement des hommes, la mort, et quant au jugement de Dieu, la damnation éternelle, combien plus faut-il penser qu'un tyran mérite des supplices abominables, lui qui pille partout et tout le monde, qui œuvre contre la liberté commune, qui tue n'importe qui pour le bon plaisir de sa volonté ? De plus, enflés du vent de l'orgueil, de tels hommes, abandonnés de Dieu comme ils le méritent en raison de leurs péchés et encensés par les flatteries des hommes, se repentent rarement et plus rarement encore peuvent-ils s'acquitter dignement <de leurs méfaits>.

Quando enim restituent omnia que preter iustitie debitum abstulerunt, ad que tamen restituenda nullus dubitat eos teneri? Quando recompensabunt eis quos oppresserunt et iniuste qualitercumque leserunt?

[2] Adicitur autem ad eorum impenitentiam quod omnia sibi licita estimant que impune sine resistentia facere potuerunt; unde non solum emendare non satagunt que mala fecerunt, sed sua consuetudine pro auctoritate utentes, peccandi audaciam transmittunt ad posteros, et sic non solum suorum facinorum apud Deum rei tenentur, sed etiam eorum quibus peccandi occasionem reliquerunt.

[3] Aggravatur etiam eorum peccatum ex dignitate suscepti officii. Sicut enim terrenus rex gravius punit suos ministros si inveniat eos sibi contrarios, ita Deus magis puniet eos quos sui regiminis executores et ministros fecit, si nequiter agant Dei iudicium in amaritudinem convertentes. Unde et in libro Sapientie ad reges iniquos dicitur : « Quoniam cum essetis ministri regni illius non iuste iudicastis, neque custodistis legem iustitie, neque secundum voluntatem Dei ambulastis, horrende et cito apparebit vobis, quoniam iudicium durissimum in hiis qui presunt fiet. Exiguo enim conceditur misericordia, potentes autem potenter tormenta patientur ». Et ad Nabuchodonosor

En effet, quand restitueront-ils tous ces biens dont ils se sont emparés en passant outre le devoir de justice, biens dont personne ne doute cependant qu'ils soient tenus de restituer? Quand indemniseront-ils ceux qu'ils ont opprimés et injustement lésés de multiples manières?

[2] Or, à leur impénitence s'ajoute le fait qu'ils estiment licite tout ce qu'ils ont pu faire impunément et sans rencontrer de résistance. Pour cette raison, ils ne se tourmentent non seulement pas pour réparer les maux qu'ils ont perpétrés, mais, usant de leur habitude comme d'une autorité, ils transmettent cette audace du péché à leurs successeurs. Aussi sont-ils non seulement tenus coupables de leurs crimes devant Dieu, mais également des crimes de ceux à qui ils ont donné l'occasion de pécher.

[3] Leur péché est encore aggravé par la dignité de l'office qu'ils ont assumé. En effet, de même qu'un roi, sur terre, punit plus lourdement ses ministres, s'il découvre qu'ils lui sont opposés, de même Dieu punit plus ceux qu'Il a faits exécuteurs et ministres de son gouvernement, s'ils agissent de manière indigne, en transformant le jugement de Dieu en amertume. Ainsi est-il dit aux rois injustes dans le Livre de la Sagesse : « Parce que vous étiez les ministres de son règne, et que vous n'avez pas jugé avec justice, ni conservé la loi de notre justice, ni marché selon la volonté de Dieu, Il vous apparaîtra d'une manière horrible et véloce, puisque le jugement le plus sévère s'exerce sur ceux qui sont au pouvoir. Car la miséricorde est accordée au petit, mais les puissants seront puissamment châtiés »[1]. Et il est dit à Nabuchodonosor

---

1. Sg 6, 4-6.

per Isaiam dicitur : « Ad Infernum detraheris in profundum
laci. Qui te viderint, ad te inclinabuntur teque prospicient »,
quasi profundius in penis submersum.

par la bouche d'Isaïe : « Tu seras entraîné en enfer dans le fond de l'abîme. Ceux qui te verront se pencheront vers toi et te regarderont »[1], comme plongé plus profondément dans les châtiments.

1. Is 14, 15-16.

RECAPITULATIO HUIUS PRIMI LIBRI

[1] Si igitur regibus habundanter temporalia bona et proveniunt et excellens beatitudinis gradus preparatur a Deo, tyranni autem a temporalibus bonis que cupiunt plerumque frustrantur, multis insuper periculis subiacentes et, quod est amplius, bonis eternis privantur ad ponas gravissimas reservati, vehementer studendum est hiis qui regendi susceperunt officium ut reges se subditis prebeant, non tyrannos.

[2] De rege autem quid sit, et quod expediat multitudini regem habere, adhuc autem quod presidenti expediat se regem multitudini exhibere subiecte, non tyrannum, tanta a nobis dicta sint.

RÉCAPITULATION DE CE PREMIER LIVRE

[1] Si donc c'est aux rois que les biens temporels reviennent en abondance, et si un degré de béatitude supérieure leur est préparé par Dieu, les tyrans, quant à eux, perdent le plus souvent les biens terrestres qu'ils désirent et sont en plus sujets à de multiples dangers temporels et, ce qui est pire, privés des biens éternels, et les châtiments les plus lourds leur sont réservés. Il faut que ceux qui endossent l'office de diriger s'appliquent avec force à se présenter à leurs sujets tels des rois, et non tels des tyrans.

[2] Ce qu'est un roi ; qu'il convient à la multitude d'avoir un roi ; qu'il vaut mieux, pour un dirigeant, se présenter, à la multitude qui lui est sujette, comme un roi plutôt que comme un tyran : voila tout ce que nous avons dit.

LIBER II

QUOD SIT REGIS OFFICIUM

[1] Consequens autem est dictis considerare quid sit regis officium et qualem oporteat esse regem.

[2] Quoniam vero ea que sunt secundum artem imitantur ea que sunt secundum naturam, ex quibus accipimus ut secundum rationem operari possimus, optimum videtur regis officium a forma regiminis naturalis assumere. Invenitur autem in rerum natura regimen et universale et particulare : universale quidem, secundum quod omnia sub Dei regimine continentur quia sua providentia universa gubernat; particulare autem regimen, maxime quidem divino regimini simile, invenitur in homine, qui ob hoc minor mundus appellatur, quia in eo invenitur forma

LIVRE II

CHAPITRE 1 (I, 12)

QUEL EST L'OFFICE DU ROI

[1] En conséquence de ce que nous avons dit, il faut considérer à présent quel est l'office du roi et quel roi il doit être.

[2] Or, puisque ce qui est selon l'art imite ce qui est selon la nature[1] – que nous devons suivre pour agir raisonnablement –, le mieux semble de prendre pour modèle de l'office du roi la forme du gouvernement naturel. Or, on trouve, dans la nature, un gouvernement universel et un gouvernement particulier : le gouvernement universel, selon que toutes choses sont contenues sous le gouvernement de Dieu, parce qu'Il gouverne l'univers par sa providence ; le gouvernement particulier, très semblable au gouvernement divin, se trouve dans l'homme qui, pour cette raison, est appelé microcosme[2], car se trouve en lui la forme du

---

1. Cf. *supra*, chap. I, 2, § 4, n. 5, p. 103.
2. Jean de Salisbury, *Policraticus* IV, 1, éd. K.S.B. Keats-Rohan, Turnhout, Brepols, 1993, p. 232 ; Aristote, *Physique*, VIII, 2, 252b26. *Cf.* Thomas d'Aquin, *Sententia libri Physicorum*, VIII, 4, éd. Léonine (t. 2), Roma, 1884.

universalis regiminis. Nam sicut universa creatura corporea et omnes spirituales virtutes sub divino regimine continentur, sic et corporis membra et cetere vires anime a ratione reguntur; et sic quodammodo se habet ratio in homine sicut Deus in mundo.

[3] Sed quia, sicut supra ostendimus, homo est animal naturaliter sociale in multitudine vivens, similitudo divini regiminis invenitur in homine non solum quantum ad hoc quod rationem regit ceteras hominis partes, sed ulterius quantum ad hoc quod per rationem unius hominis regitur multitudo; quod maxime pertinet ad officium regis, dum et in quibusdam animalibus que socialiter vivunt quedam similitudo invenitur huius regiminis, sicut in apibus in quibus et reges esse dicuntur, non quod in eis per rationem sit regimen, sed per instinctum nature inditum a summo regente qui est auctor nature.

[4] Hoc igitur officium rex suscepisse cognoscat, ut sit in regno sicut in corpore anima et sicut Deus in mundo; que si diligenter recogitet, ex altero iustitie in eo zelus accenditur dum considerat ad hoc se positum ut loco Dei iudicium in regno exerceat; ex altero vero mansuetudinis et clementie lenitatem acquirit dum reputat singulos qui suo subsunt regimini sicut propria membra.

gouvernement universel. En effet, de même que toutes les créatures corporelles et toutes les puissances spirituelles sont contenues sous le gouvernement divin, ainsi les membres du corps et les autres facultés de l'âme sont dirigés par la raison ; et ainsi la raison se comporte en l'homme comme Dieu dans le monde.

[3] Mais, puisque nous avons montré auparavant [1] que l'homme est un animal naturellement social vivant en multitude, la similitude du gouvernement divin dans l'homme ne se trouve non seulement en ce que la raison dirige toutes les autres parties de l'homme, mais également en ce que la multitude est dirigée par la raison d'un seul homme. C'est à cela avant tout que revient l'office du roi, du fait que chez certains animaux qui vivent en société, on trouve une certaine similitude avec ce gouvernement, comme on le voit chez les abeilles, chez lesquelles, dit-on, il y a des reines [2], non que chez elles le gouvernement se fasse par la raison, mais par un instinct naturel inscrit par le Souverain-Dirigeant, qui est l'auteur de la nature.

[4] Que le roi connaisse donc qu'il a reçu l'office d'être dans son royaume comme l'âme dans le corps et comme Dieu dans le monde. S'il réfléchit avec application à ces choses, d'une part, le zèle de la justice s'allume en lui, dès qu'il considère qu'il a été placé à cet office pour être juge, à la place de Dieu, dans son royaume ; d'autre part, il acquiert la douceur de la mansuétude et de la clémence, dès lors qu'il considère comme ses propres membres ceux qui sont soumis à son gouvernement.

---

1. Cf. *supra*, chap. I, 1, § 2-4.
2. Le latin dit « rois ». Voir *supra*, chap. I, 2, § 4, n. 3, p. 103.

QUE AD REGIS OFFICIUM PERTINENT IN INSTITUTIONE* CIVITATIS AUT REGNI

[1] Oportet igitur considerare quid Deus in mundo faciat, sic enim manifestum erit quid immineat regi faciendum.

[2] Sunt autem universaliter consideranda duo opera Dei in mundo : unum quo mundum instituit, alterum quo mundum institutum gubernat. Hec etiam duo opera anima habet in corpus : nam primo quidem virtute anime formatur corpus, deinde vero per animam corpus regitur et movetur. Horum autem secundum quidem magis proprie pertinet ad regis officium ; unde ad omnes reges pertinet gubernatio, et a gubernationis regimine regis nomen accipitur. Primum autem opus non omnibus regibus convenit : non enim omnes regnum aut civitatem instituunt in quo regnant, sed regno aut civitati iam institutis regiminis curam impendunt.

CHAPITRE 2 (I, 13)

CE QUI INCOMBE À L'OFFICE DU ROI DANS LA FONDATION* D'UNE CITÉ OU D'UN ROYAUME

[1] Il faut donc considérer ce que Dieu fait dans le monde, car ainsi sera manifeste ce qu'il incombe au roi de faire.

[2] Or, en général, il faut considérer deux opérations de Dieu dans le monde : l'une, par laquelle il a créé le monde ; l'autre, par laquelle il gouverne le monde créé. L'âme exerce aussi ces deux opérations dans le corps : en effet, la puissance de l'âme informe d'abord le corps ; puis l'âme le dirige et le meut[1]. Or, de ces deux opérations, la seconde concerne plus proprement l'office du roi ; c'est pourquoi, le gouvernement concerne tous les rois, et ils tirent leur nom de « roi » de ce qu'ils régissent ce gouvernement. Quant à la première opération, elle ne convient pas à tous les rois ; en effet, tous ne fondent pas le royaume ou la cité sur lesquels ils règnent, mais ils consacrent plutôt leur soin au gouvernement d'un royaume ou d'une cité déjà fondés.

---

1. *Cf.* Thomas d'Aquin, *Sententia libri De anima*, II, 7, 318 *sq.* et I, 14, 206, éd. Léonine (t. 45/1), Roma, 1984.

[3] Est tamen considerandum quod nisi precessisset qui institueret civitatem aut regnum, locum non haberet gubernatio regni ; sub regis enim officio comprehenditur etiam institutio civitatis et regni : nonnulli enim civitates instituerunt in quibus regnarent, ut Ninus Ninive et Romulus Romam. Similiter etiam ad gubernationis officium pertinet ut gubernata conservet ac eis utatur ad quod sunt constituta ; non igitur gubernationis officium plene cognosci poterit si institutionis ratio ignoretur.

[4] Ratio autem institutionis regni ab exemplo institutionis* mundi sumenda est : in quo primo consideratur ipsarum rerum productio, deinde partium mundi ordinata distinctio. Ulterius autem singulis mundi partibus diverse rerum species distribute videntur, ut stelle celo, volucres aeri, pisces aque, animalia terre ; deinde singulis ea quibus indigent habundanter divinitus provisa videntur. Hanc autem institutionis rationem Moyses subtiliter et diligenter expressit. Primo enim rerum productionem proponit, dicens : « In principio creavit Deus celum et terram » ; deinde secundum convenientem ordinem omnia divinitus distincta esse denuntiat, videlicet diem a nocte, a superioribus inferiora, mare ab arida. Hinc celum

[3] Il faut cependant considérer que s'il n'y avait pas eu antérieurement quelqu'un pour fonder la cité ou le royaume, le gouvernement du royaume n'aurait pas de lieu <où s'exercer>. En effet, l'office du roi comprend aussi la fondation d'une cité et d'un royaume, car certains rois ont fondé les cités dans lesquelles ils ont ensuite régné, comme Ninive pour Ninus[1] et Rome pour Romulus[2]. De la même manière, il appartient à l'office du gouvernement qu'il conserve ce qu'il gouverne et qu'il en use en vue de ce pour quoi cela a été créé. L'office du gouvernement ne pourrait donc pas être pleinement connu, si l'on ignorait la raison de la fondation <du royaume>.

[4] Or, la raison de la fondation d'un royaume doit être comprise grâce au modèle de la création* du monde, dans lequel on observe, d'abord, la production des choses elles-mêmes, puis la distinction ordonnée des parties du monde[3]. Ensuite, on voit les diverses espèces des choses distribuées dans chaque partie du monde, comme les étoiles dans le ciel, les oiseaux dans l'air, les poissons dans l'eau, et les animaux sur la terre. Enfin, on voit que chaque partie a été pourvue en abondance par Dieu de ce dont elle a besoin. Moïse a d'ailleurs exprimé, avec subtilité et exactitude, la raison de la création. En effet, il expose d'abord la production des choses, lorsqu'il dit : « Au commencement, Dieu créa le ciel et la terre »[4]. Ensuite, il fait savoir que toute chose a été distinguée par Dieu selon l'ordre adéquat, par exemple le jour de la nuit, les supérieurs des inférieurs, la mer de la terre sèche. Puis, il rapporte que le ciel

---

1. Ninus, fondateur légendaire de l'empire des Assyriens et de la ville de Ninive.
2. Romulus, fondateur légendaire de la ville de Rome.
3. *Cf.* Thomas d'Aquin, *Somme théologique*, I, q. 47, a. 1-3.
4. Gn 1, 1.

luminaribus, avibus aerem, mare piscibus, animalibus terram ornatam refert, ultimo assignatum hominibus animalium terreque dominium ; usum vero plantarum tam ipsis quam animalibus ceteris ex providentia divina denuntiat.

[5] Institutor autem civitatis et regni de novo producere homines et loca ad inhabitandum et cetera vite subsidia non potest, sed necesse habet hiis uti que in natura preexistunt ; sicut et cetere artes operationis sue materiam a natura accipiunt, ut faber ferrum, edificator ligna et lapides in artis usum assumunt. Necesse est igitur institutori civitatis et regni primum quidem congruum locum eligere qui salubritate habitatores conservet, ubertate ad victum sufficiat, amenitate delectet, munitione ab hostibus tutos reddat. Quod si aliquid de dicta opportunitate deficiat, tanto locus erit convenientior quanto plura vel magis necessaria de premissis habebit. Deinde necesse est ut locum electum institutioni civitatis aut regni distinguat secundum exigentiam eorum que perfectio civitatis aut regni requirit : puta si regnum instituendum sit, oportet providere quis locus sit aptus urbibus constituendis, quis villis, quis castris, ubi constituenda sint studia litterarum, ubi exercitia militum, ubi negotiatorum conventus, et sic de aliis que perfectio regni requirit. Si autem institutioni civitatis opera detur, providere oportet quis locus sit sacris, quis iuri reddendo, quis artificibus singulis deputandus. Ulterius autem oportet homines congregare, qui sunt

a été orné de luminaires, l'air d'oiseaux, la mer de poissons, et la terre d'animaux. En dernier lieu, que la seigneurie de la terre et des animaux a été assignée aux hommes. Il fait savoir en outre que l'usage des plantes <a été confié>, par la providence divine, autant aux <hommes> qu'aux autres animaux.

[5] Cependant, le fondateur d'une cité ou d'un royaume ne peut pas produire à partir de rien les hommes et les lieux d'habitation, ni d'autre chose nécessaire à leur subsistance. Il doit nécessairement employer les choses qui préexistent dans la nature. De même, les autres arts reçoivent de la nature la matière de leur opération, comme le forgeron reçoit le fer et l'architecte le bois et les pierres, pour l'exercice de leur art. Il est donc nécessaire au fondateur d'une cité ou d'un royaume de choisir, tout d'abord, un lieu conforme qui, par sa salubrité, conserve les habitants, dont la fertilité suffise à leur subsistance, qui les réjouisse de son agrément et dont les fortifications les protègent des ennemis. Si l'un des avantages mentionnés faisait défaut, le lieu serait d'autant plus approprié qu'il en possèderait davantage, ou les plus nécessaires d'entre eux. Ensuite, il est nécessaire que le fondateur de la cité ou du royaume divise le lieu choisi selon l'exigence requise par la perfection d'une cité ou d'un royaume. Par exemple, pour fonder un royaume, il faut prévoir quel lieu sera adapté à la construction des villes, quel <autre> lieu à celles des villages ou des châteaux ; où établira-t-on les écoles ? où les champs d'exercice des soldats, où les marchés ?, et ainsi de toutes les autres choses requises pour la perfection d'un royaume. S'il s'agit de la fondation d'une cité, il faut prévoir quel lieu sera sacré, quel <autre servira> pour rendre la justice, quel <autre> sera assigné à chaque corps de métier. Qui plus est : il faut rassembler les hommes, à qui on assigne

congruis locis secundum sua officia deputandi. Demum vero providendum est ut singulis necessaria suppetant secundum uniuscuiusque condicionem et statum : aliter enim nequaquam posset regnum vel civitas commanere.

[6] Hec igitur sunt, ut summarie dicatur, que ad regis officium pertinent in institutione civitatis aut regni ex similitudine institutionis mundi assumpta.

des lieux conformes à leurs offices. On doit, enfin, veiller à ce que chacun se voit attribuer ce qui revient nécessairement à sa condition et à son statut, ce sans quoi aucun royaume ni aucune cité ne pourraient demeurer.

[6] Voici donc, en résumé, ce qui incombe à l'office du roi dans la fondation d'une cité ou d'un royaume, conformément au modèle de la création du monde.

CAPITULUM TERTIUM (I, 14)

QUOD RATIO GUBERNATIONIS EX DIVINA GUBERNATIONE SUMENDA EST

[1] Sicut autem institutio civitatis aut regni ex forma institutionis mundi convenienter accipitur, sic et gubernationis ratio ex gubernatione sumenda est.

[2] Est tamen preconsiderandum quod gubernare est id quod gubernatur convenienter ad debitum finem perducere : sic etiam navis gubernari dicitur, dum per naute industriam recto itinere ad portum illesa perducitur. Si igitur aliquid ad finem extra se ordinetur ut navis ad portum, ad gubernatoris officium pertinebit non solum ut rem in se conservet illesam, sed quod ulterius ad finem perducat. Si vero aliquid esset cuius finis non esset extra ipsum, ad hoc solum intenderet gubernatoris intentio ut rem illam in sua perfectione conservaret illesam. Et quamvis nichil tale inveniatur in rebus preter ipsum Deum, qui est omnibus finis, erga id tamen quod ad extrinsecum ordinatur multipliciter cura impeditur a diversis.

LA RAISON DU GOUVERNEMENT DOIT ÊTRE DÉDUITE DU GOUVERNEMENT DIVIN

[1] Tout comme il convient que la fondation d'une cité ou d'un royaume se conforme à la création du monde, ainsi la définition du gouvernement <d'une cité ou d'un royaume> doit-elle être déduite du gouvernement divin.

[2] En premier lieu, il faut cependant considérer que gouverner signifie conduire de manière appropriée ce qui est gouverné vers la fin qui lui est due. Ainsi, on dit qu'un navire est gouverné lorsqu'il est mené par l'habileté du capitaine, par le droit chemin, en bon état, au port. Si donc une chose est ordonnée à une fin extérieure, comme le navire au port, il incombera à l'office du gouvernement non seulement de la conserver en bon état, mais aussi de la conduire vers sa fin. Or, s'il existait quelque chose dont la fin n'était pas extrinsèque, l'intention du gouvernant serait alors seulement de conserver cette chose en bon état dans sa perfection. Mais comme on ne trouve aucun être de ce genre dans la réalité, hormis Dieu qui est la fin de toute chose, ce qui est ordonné à une fin extrinsèque est pris en charge de plusieurs manières par divers <hommes>.

Nam forte alius erit qui curam gerit ut res in suo esse conservetur, alius autem ut ad ultiorem perfectionem perveniat, ut in ipsa navi, unde gubernationis nomen assumitur, manifeste apparet. Faber enim lignarius curam habet restaurandi si quid fuerit collapsum in navi, sed nauta sollicitudinem gerit ut navim perducat ad portum. Sic etiam contingit in homine : nam medicus curam gerit ut vita hominis conservetur, yconomus ut suppetant necessaria vite, doctor autem curam gerit ut veritatem cognoscat, institutor autem morum ut secundum rationem vivat.

[3] Quod si homo non ordinaretur ad aliud exterius bonum, sufficerent homini cure predicte ; sed est quoddam bonum extraneum homini quamdiu mortaliter vivit, scilicet ultima beatitudo que in fruitione Dei expectatur post mortem, quia, ut Apostolus dicit : « quamdiu sumus in corpore, peregrinamur a Domino ». Unde homo christianus, cui beatitudo illa est per Christi sanguinem acquisita, et qui pro ea consequenda Spiritus Sancti arram accepit, indiget alia spirituali cura per quam dirigatur ad portum salutis eterne ; hec autem cura per ministros Ecclesie Christi fidelibus exhibetur.

En effet, l'un sera peut-être celui qui prendra soin de conserver la chose dans son être, et un autre s'appliquera à ce qu'elle parvienne à une perfection plus élevée, comme il apparaît de manière évidente dans le <cas du> navire, d'où on tire l'explication [1] du gouvernement. En effet, au charpentier revient le soin de restaurer ce qui se serait abîmé dans le navire, alors que c'est le marin qui a le souci de mener le navire au port. Il se produit aussi la même chose pour l'homme ; en effet, le médecin prend soin de conserver la vie de l'homme, l'économe, de lui fournir les biens de subsistance, le professeur prend soin de lui faire connaître la vérité, le précepteur des mœurs, de le faire vivre selon la raison.

[3] Et si l'homme n'était pas ordonné à un autre bien extérieur, les soins que nous venons de mentionner lui suffiraient. Mais, tant qu'il vit de sa vie mortelle, il y a pour l'homme un bien extrinsèque, à savoir la béatitude ultime qui est attendue dans la jouissance de Dieu après la mort, parce que, comme dit l'Apôtre : « tant que nous sommes dans un corps, nous pérégrinons loin du Seigneur » [2]. C'est pourquoi le chrétien, qui reçoit cette béatitude par le sang du Christ et qui, pour son obtention, a reçu le gage de l'Esprit Saint, a besoin d'un autre soin spirituel qui le mènera au port du salut éternel ; or, ce soin est fourni aux fidèles par les ministres de l'Église du Christ.

---

1. Nous rendons ainsi le terme latin « nomen ». La traduction littérale « nom » ne ferait pas véritablement sens à nos yeux.
2. 2Co 5, 6.

[4] Idem autem oportet esse iudicium de fine totius multitudinis et unius. Si igitur finis hominis esset bonum quodcumque in ipso existens, et regende multitudinis finis ultimus esset ut tale bonum multitudo acquireret et in eo permaneret. Et si quidem talis ultimus sive unius hominis sive multitudinis finis esset corporalis, vita et sanitas corporis, medici esset officium ; si vero ultimus finis esset divitiarum affluentia, yconomus rex quidam multitudinis esset ; si vero bonum cognoscende veritatis tale quid esset ad quod posset multitudo pertingere, rex haberet doctoris officium.

[5] Videtur autem finis esse multitudinis congregate vivere secundum virtutem : ad hoc enim homines congregantur ut simul bene vivant, quod consequi non posset unusquisque singulariter vivens ; bona autem vita est que est secundum virtutem, virtuosa igitur vita finis est congregationis* humane. Huius autem signum est, quia hii soli sunt partes multitudinis congregate qui sibi invicem communicant in bene vivendo. Si enim propter solum vivere homines convenirent, animalia et servi essent pars aliqua congregationis civilis ; si vero propter acquirendas divitias, omnes simul negotiantes ad

[4] Or, il faut porter le même jugement sur la fin de toute la multitude et sur celle d'un seul <homme>[1]. Si donc la fin ultime de l'homme résidait en n'importe quel bien existant en lui-même, la fin ultime du gouvernement de la multitude serait à la fois que la multitude acquière un tel bien et perdure en lui. Et si cette fin ultime, soit d'un seul homme, soit de la multitude, était corporelle, si c'était la vie et la santé du corps, elle regarderait l'office du médecin ; si l'abondance de richesses était la fin ultime, l'économe serait une sorte de roi de la multitude ; si le bien de connaître la vérité était cette chose vers quoi la multitude pouvait tendre, alors le roi aurait l'office d'un professeur.

[5] Or, il semble que la fin ultime de la multitude associée consiste à vivre selon la vertu. En effet, les hommes s'associent pour bien vivre ensemble[2], ce à quoi chaque homme vivant séparément ne peut parvenir. Or, la vie bonne est la vie selon la vertu. La vie vertueuse est donc la fin de l'association* humaine[3]. Le signe en est que seuls ceux qui communiquent pour bien vivre sont des parties de la multitude associée[4]. En effet, si les hommes se rassemblaient dans le seul but de vivre, alors les animaux et les esclaves seraient une des parties de l'association civile[5] ; et s'ils le faisaient pour acquérir des richesses, tous ceux qui négocient ensemble appartiendraient à une

1. Aristote, *Les Politiques*, VII, 2, 1324a5-10 et VII, 3, 1325b30-33.

2. Aristote, *Les Politiques*, I, 2, 1252b30 et III, 9 1280b33. *Cf.* Thomas d'Aquin, *Sententia libri Politicorum*, I, 1/b, éd. cit., p. A78.

3. Aristote, *Les Politiques*, III, 9, 1280a31-1281a10.

4. Aristote, *Les Politiques*, I, 2, 1253a10-18. *Cf.* Thomas d'Aquin, *Sententia libri Politicorum*, I, 1/b, éd. cit., p. A78-A79. Voir *supra*, chap. I, 1, § 4, n. 1, p. 87.

5. *Cf.* Thomas d'Aquin, *Somme théologique*, I-II, q. 98, a. 6, ad 2.

unam civitatem pertinerent. Nunc autem videmus eos solos sub una multitudine computari qui sub eisdem legibus et eodem regimine diriguntur ad bene vivendum.

[6] Sed quia homo vivendo secundum virtutem ad ulteriorem finem ordinatur, qui consistit in fruitione divina ut supra iam diximus, oportet autem eumdem finem esse multitudinis humane qui est hominis unius, non est ultimus finis multitudinis congregate vivere secundum virtutem, sed per virtuosam vitam pervenire ad fruitionem divinam.

[7] Siquidem igitur ad hunc finem perveniri posset virtute humane nature, necesse esset ut ad officium regis pertineret dirigere homines in hunc finem : hunc enim regem dici supponimus cui summa regiminis in rebus humanis committitur. Tanto autem est regimen sublimius quanto ad finem alteriorem ordinatur : semper enim invenitur ille ad quem pertinet ultimus finis imperare operantibus ea que ad finem ultimum ordinantur; sicut gubernator, ad quem pertinet navigationem disponere, imperat ei qui navem constituit qualem navem navigationi aptam facere debeat; civilis qui debet uti armis, imperat fabro qualia fabricet arma. Sed quia finem fruitionis divine

seule cité. Nous voyons alors que seuls peuvent être comptés comme membres d'une seule multitude ceux qui sont dirigés vers une vie bonne sous les mêmes lois et sous un même gouvernement.

[6] Mais, puisque l'homme, en vivant selon la vertu, est ordonné à une fin ultérieure, qui consiste dans la jouissance divine, comme nous l'avons déjà dit[1], il faut alors que la fin de la multitude humaine et celle d'un seul homme soient les mêmes[2]. La fin ultime de la multitude associée n'est pas de vivre selon la vertu, mais de parvenir, grâce à une vie vertueuse, à la jouissance de Dieu[3].

[7] Si donc on pouvait, en vertu de la nature humaine, parvenir à cette fin, il incomberait nécessairement à l'office du roi de diriger les hommes vers cette fin. En effet, par le nom de roi, nous entendons celui à qui est confié le gouvernement suprême dans les affaires humaines. Or, un gouvernement est d'autant plus élevé qu'il est ordonné à une fin plus haute. En effet, on voit toujours que celui qui est chargé de la fin ultime commande à ceux dont les opérations sont ordonnées à cette fin ultime[4]. Ainsi, le capitaine, à qui il incombe de régler la navigation, commande au constructeur la sorte de navire qu'il doit faire, et le gouverneur civil, qui doit recourir à la guerre, commande au forgeron le type d'armes qu'il doit fabriquer. Mais, puisque l'homme n'atteint pas sa fin, qui est la jouissance de Dieu, par une vertu humaine, mais par une vertu divine,

1. Cf. *supra*, § 3.
2. Cf. *supra*, §4.
3. *Cf.* Thomas d'Aquin, *Somme théologique*, I-II, q. 4, a. 8.
4. Aristote, *Éthique à Nicomaque*, I, 1, 1094a10. *Cf.* Thomas d'Aquin, *Sententia libri Ethicorum*, I, 1, éd. cit., p. 6; *Somme contre les Gentils*, III, 64 et 76.

non consequitur homo per virtutem humanam sed virtute divina, iuxta illud Apostoli : « Gratia Dei vita eterna », perducere ad illum ultimum finem non est humani regiminis sed divini.

[8] Ad illum igitur regem huiusmodi regimen pertinet qui non est solum homo sed etiam Deus, scilicet ad Dominum Ihesum Christum, qui homines filios Dei faciens in celestem gloriam introduxit. Hoc igitur est regimen ei traditum quod non corrumpetur, propter quod non solum sacerdos sed rex in Scripturis sacris nominatur, dicente Ieremia : « Regnabit rex et sapiens erit » ; unde ab eo regale sacerdotium derivatur, et quod est amplius, omnes Christi fideles in quantum sunt membra eius reges et sacerdotes dicuntur.

[9] Huius ergo regni ministerium, ut a terrenis spiritualia essent discreta, non terrenis regibus sed sacerdotibus est commissum, et precipue summo sacerdoti successori Petri, Christi vicario Romano Pontifici, cui omnes reges populi Christiani oportet esse subiectos sicut ipsi Domino Ihesu Christo. Sic enim, ut dictum est, ei ad quem finis ultimi cura pertinet, subdi debent illi ad quos pertinet cura antecedentium finium, et eius imperio dirigi.

selon les paroles de l'Apôtre : « La vie éternelle est une grâce de Dieu »[1], il n'appartient pas au gouvernement humain, mais au gouvernement divin, de le mener à cette fin ultime.

[8] Un tel gouvernement revient ainsi à ce roi qui est non seulement homme, mais aussi Dieu, c'est-à-dire le Seigneur Jésus Christ qui, en faisant des hommes les fils de Dieu, les a introduits dans la gloire céleste. Tel donc est le gouvernement qui Lui a été confié et qui ne se corrompra pas[2]. Pour cette raison, les Écritures saintes ne le nomment pas seulement prêtre, mais roi, comme le dit Jérémie : « Un roi règnera, et il sera sage »[3]. De Lui provient le sacerdoce royal, et même plus : tous les fidèles du Christ, en tant qu'ils sont ses membres, sont appelés rois et prêtres[4].

[9] Le ministère de ce royaume, afin que le spirituel soit distinct du terrestre, n'est donc pas confié aux rois de la Terre, mais aux prêtres, et il revient principalement au Grand Prêtre, successeur de Pierre, vicaire du Christ, le pontife romain, à qui doivent être soumis tous les rois du peuple chrétien, comme à notre Seigneur Jésus Christ lui-même[5]. En effet, comme il a été dit[6], à celui en charge de la fin dernière doivent se soumettre ceux qui sont chargés des fins antécédentes ; et c'est par son commandement qu'ils sont dirigés.

---

1. Rm 6, 23.
2. Da 7, 14.
3. Jr 23, 5.
4. Ac 1, 6 ; 5, 10 ; 20, 6.
5. *Cf.* Thomas d'Aquin, *Scriptum super Sententiarum*, II, dist. 44, exp. text., ad 4m ; *Somme contre les Gentils*, IV, 76 ; *Somme théologique*, II-II, q. 60, a. 6, ad 3. Voir aussi *Contra errores Graecorum*, II, c. 35 (*Liber de fide Trinitatis*), éd. Léonine, t. 40, Roma, 1969.
6. Cf. *supra*, § 7.

[10] Quia igitur sacerdotium gentium et totus divinorum cultus erat propter temporalia bona conquirenda, que omnia ordinantur ad multitudinis bonum commune cuius regi cura incumbit, convenienter sacerdotes gentilium regibus subdebantur. Sed et in Veteri lege promittebantur bona terrena, non a demonibus sed a Deo vero, religioso populo exhibenda; unde et in Veteri lege sacerdotes regibus leguntur fuisse subiecti. Sed in Nova lege est sacerdotium altius, per quod homines traducuntur ad bona celestia; unde in lege Christi reges debent sacerdotibus esse subiecti.

[11] Unde mirabiliter ex divina providentia factum est ut in Romana urbe, quam Deus previderat christiani populi principalem sedem futuram, hic mos paulatim inolesceret ut civitatis rectores sacerdotibus subderentur. Sicut enim Maximus Valerius refert, « omnia post religionem ponenda semper nostra civitas duxit, etiam in quibus summe maiestatis conspici decus voluit. Quapropter non dubitaverunt sacris imperia servire, ita se humanarum rerum habitura regimen existimantia, si divine potentie bene atque constanter fuissent famulata ». Quia vero etiam

[10] Parce que donc le sacerdoce des païens et tout le culte de leurs dieux avaient pour but l'acquisition des biens temporels, qui étaient tous ordonnés au bien commun de la multitude, dont le soin incombe au roi, il était approprié que les prêtres païens soient soumis aux rois. Dans l'Ancienne Loi, des biens temporels étaient promis au peuple pieux[1], non par des démons, mais par le vrai Dieu ; aussi lit-on que, dans l'Ancienne Loi, les prêtres furent soumis aux rois[2]. Dans la Loi Nouvelle, par contre, on trouve un sacerdoce supérieur qui conduit les hommes aux biens célestes ; aussi, dans la Loi du Christ, les rois doivent être soumis aux prêtres.

[11] C'est pourquoi, par la providence divine, il se produisit ce fait étonnant dans la ville de Rome, que Dieu avait prévu pour être la future capitale du sacerdoce chrétien : une coutume se répandit peu à peu selon laquelle les recteurs de la Ville s'inclinaient devant les prêtres, comme en effet le rapporte Valère Maxime : « Notre ville a toujours estimé que toute chose devait céder le pas à la religion, même dans les choses où elle a voulu montrer l'éclat de sa très grande majesté. Pour cette raison, ses empereurs n'hésitèrent pas à servir la religion, estimant ainsi conserver le gouvernement des choses humaines, s'ils s'étaient comportés de manière bonne et constante en serviteurs de la puissance divine »[3]. De même, parce qu'en

---

1. *Cf.* Lev 26 ; Dt 28. *Cf.* Thomas d'Aquin, *Somme théologique*, I-II, q. 114, a. 10, 1.
2. *Liber extravagantium decretalium*, I, tit. 33, c. 6, éd. E. Friedberg, dans *Corpus Iuris Canonici*, vol. II, Leipzig, Bernhard Tauchnitz, 1881, p. 197.
3. Valère Maxime, *Faits et dits mémorables*, I, 1, 9.

futurum erat ut in Gallia christiani sacerdotii plurimum vigeret religio, divinitus est provisum ut etiam apud Gallos gentiles sacerdotes, quos druides nominabant, totius Gallie ius diffinirent, ut refert Iulius Cesar in libro quem *De bello gallico* scripsit.

Gaule la dévotion au sacerdoce chrétien deviendrait très vivace, Dieu prévit déjà que, chez les Gaulois, les prêtres païens qu'on nommait druides réglementassent le droit dans toute la Gaule, comme l'a écrit Jules César dans *La Guerre des Gaules*[1].

---

1. Jules César, *La Guerre des Gaules*, VI, 13, 5, trad. L.-A. Constans, Paris, Les Belles Lettres, 13ᵉ éd., 1990.

AD HOC REGIS STUDIUM OPORTET
INTENDERE QUALITER MULTITUDO
BENE VIVAT

[1] Sicut autem ad vitam quam in celo speramus beatam ordinatur sicut ad finem vita qua hic homines bene vivunt, ita ad bonum multitudinis ordinantur sicut ad finem quacumque particularia bona per hominem procurantur, sive divitie, sive lucra, sive sanitas, sive facundia vel eruditio. Si igitur, ut dictum est, qui de ultimo fine curam habet preesse debet hiis qui curam habent de ordinatis ad finem, et eos dirigere suo imperio, manifestum ex dictis fit quod rex, sicut divino regimine quod administratur per sacerdotum officium subdi debet, ita preesse debet omnibus humanis officiis et ea imperio sui regiminis ordinare.

[2] Cuicumque autem incumbit aliquid perficere quod ordinatur in aliud sicut in finem, hoc debet attendere ut suum opus sit congruum fini : sicut faber sic facit gladium ut pugne conveniat, et edificator sic debet domum disponere ut ad inhabitandum sit apta.

LE ROI DOIT RECHERCHER LA VIE BONNE
DE LA MULTITUDE

[1] Tout comme la vie bonne, que les hommes vivent ici-bas, est ordonnée, comme à sa fin, à la vie bienheureuse que nous espérons dans les cieux, c'est au bien de la multitude que sont ordonnés, comme à leur fin, tous les biens particuliers que peut se procurer l'homme : les richesses, les profits, la santé, l'éloquence ou l'érudition. Si donc, comme nous l'avons dit[1], celui qui est en charge de la fin ultime doit être à la tête de ceux qui se chargent des fins ordonnées à cette fin <ultime> et doit les diriger sous son commandement, il est manifeste d'après cette explication, que le roi, de même qu'il doit se soumettre au gouvernement divin qui est administré par l'office sacerdotal, doit, de la même manière, présider toutes les charges humaines et les ordonner au commandement de son gouvernement.

[2] Quiconque, à qui il incombe de parfaire une chose ordonnée à autre chose comme à sa fin, doit veiller à ce que son œuvre soit conforme à cette fin, de même que le forgeron fait le glaive pour qu'il convienne au combat, et que l'architecte agence la maison pour qu'elle soit habitable.

---

1. Cf. *supra*, chap. II, 3, § 9.

Quia igitur vite, qua in presenti bene vivimus finis est beatitudo celestis, ad regis officium pertinet ea ratione bonam vitam multitudinis procurare secundum quod congruit ad celestem beatitudinem consequendam, ut scilicet ea precipiat que ad celestem beatitudinem ducunt, et eorum contraria, secundum quod fuerit possibile interdicat.

[3] Que autem sit ad veram beatitudinem via et que sint impedimenta ipsius, ex lege divina cognoscitur, cuius doctrina pertinet ad sacerdotum officium, secundum illud Malachie : « Labia sacerdotis custodient scientiam, et legem requirent ex ore eius ». Et ideo in Deuteronomio Dominus precipit : « Postquam sederit rex in solio regni sui, describet sibi Deuteronomium legis huius in volumine, accipiens exempla a sacerdotibus Levitice tribus ; et habebit secum, legetque illud omnibus diebus vite sue, ut discat timere Dominum Deum suum et custodire verba et ceremonias eius que in lege precepta sunt ».

[4] Per legem igitur divinam edoctus, ad hoc precipuum studium oportet intendere qualiter multitudo sibi subdita bene vivat. Quod quidem studium in tria dividitur : ut primo quidem in subiecta multitudine bonam vitam instituat, secundo ut institutam conservet, tertio ut conservatam ad meliora promoveat.

Dans la mesure où la fin de la vie qui en ce moment nous fait bien vivre est la béatitude céleste, il revient, pour cette raison, à l'office du roi de procurer à la multitude une vie bonne selon qu'elle convient à l'obtention de la béatitude céleste, à savoir prescrire ce qui conduit à la béatitude céleste et interdire, dans la mesure du possible, ce qui lui est contraire[1].

[3] Or, quelle est la voie vers la vraie béatitude et quels en sont les obstacles, cela est connue par la loi divine dont l'enseignement revient à l'office sacerdotal, selon le livre de Malachie : « Les lèvres des prêtres sont les gardiennes de la science et ils cherchent la loi de sa bouche »[2]. Pour cette raison, Dieu prescrit dans le Deutéronome : « Après que le roi se sera installé sur le trône de son royaume, il copiera pour lui-même le Deutéronome de cette loi dans un volume, recevant l'exemplaire des prêtres de la tribu de Lévi, et il le gardera avec lui et le lira tous les jours de sa vie, en vue d'apprendre à craindre son Dieu et à conserver ses paroles et ses ordonnances qui sont prescrites dans la loi »[3].

[4] Instruit donc par la loi divine, <le roi> doit principalement se préoccuper de la manière dont la multitude qui lui est soumise mènera une vie bonne. Cette préoccupation se divise en trois points : premièrement, instituer la vie bonne dans la multitude qui lui est soumise ; deuxièmement, celle-ci instituée, la conserver ; troisièmement, celle-ci conservée, la conduire vers une plus haute perfection[4].

1. Cf. Thomas d'Aquin, *Somme théologique*, I-II, q. 96, a. 2.

2. Ma 2, 7.

3. Dt 17, 18-19. Cf. Jean de Salisbury, *Policraticus* IV, 6, éd. cit., p. 247.

4. Les trois préoccupations (*studia*) du roi seront explicitées dans la suite du chapitre. La première dans le § 5, la deuxième dans les § 6-7, la troisième dans le § 8.

[5] Ad bonam autem unius hominis vitam duo requiruntur : unum principale quod est operatio secundum virtutem, virtus enim est qua bene vivitur ; aliud vero secundarium et quasi instrumentale, scilicet corporalium bonorum sufficientia quorum usus est necessarius ad actum virtutum. Ipsa tamen hominis unitas per naturam causatur, multitudinis autem unitas que pax dicitur est per regentis industriam est procuranda. Sic igitur ad bonam vitam multitudinis instituendam tria requiruntur. Primo quidem, ut multitudo in unitate pacis constituatur ; secundo ut multitudo vinculo pacis unita dirigatur ad bene agendum : sicut enim homo nichil bene agere potest nisi presupposita suarum partium unitate, ita hominum multitudo pacis unitate carens, dum se ipsam impugnat, impeditur a bene agendo ; tertio vero requiritur ut per regentis industriam necessariorum ad bene vivendum adsit sufficiens copia.

[6] Sic igitur bona vita per regis officium in multitudine constituta, consequens est ut ad eius conservationem intendat. Sunt autem tria quibus bonum publicum permanere non sinitur, quorum quidem unum est a natura proveniens : non enim bonum multitudinis ad unum tantum tempus institui debet, sed ut sit quodammodo perpetuum ; homines

[5] Or, deux conditions sont requises pour qu'un homme mène une vie bonne. La première et la principale est d'agir selon la vertu (la vertu est en effet ce par quoi on vit bien[1]); la seconde, qui est secondaire et quasi instrumentale, consiste en la suffisance des biens corporels dont l'usage est nécessaire à l'action vertueuse[2]. Cependant, l'unité même de l'homme est causée par la nature, alors que l'unité de la multitude, que l'on appelle la paix, doit être procurée par l'habileté du dirigeant. Ainsi donc, trois conditions sont requises pour instituer la vie bonne de la multitude. Premièrement, que la multitude soit constituée dans l'unité de la paix. Deuxièmement, que cette multitude, unie par le lien de la paix, soit dirigée vers l'action bonne. En effet, de même qu'un homme ne peut bien agir, sans qu'on ait auparavant supposé l'unité de ses parties, de même la multitude des hommes, privée de l'unité de la paix, est empêchée de bien agir, dans la mesure où elle se combat elle-même. Troisièmement, il faut que, par l'habileté du dirigeant, se trouve en quantité suffisante les choses nécessaires à la vie bonne.

[6] Ainsi donc, une fois que la vie bonne a été constituée pour la multitude par l'office royal, il lui revient de veiller à sa conservation. Or, il y a trois obstacles qui empêchent la permanence du bien public. Le premier provient de la nature : le bien de la multitude ne doit pas être institué pour un temps seulement, mais pour qu'il soit, en un certain sens, perpétuel. Cependant, comme les hommes

---

1. Pierre Lombard, *Sententiae*, II, d. 27, c. 1, éd. Collegii S. Bonaventurae, Grottaferrata, 1971.
2. Aristote, *Éthique à Nicomaque*, I, 9, 1098a32-1099b8. *Cf.* Thomas d'Aquin, *Sententia libri Ethicorum*, I, 13, éd. cit., p. 47.

autem cum sint mortales in perpetuum durare non possunt, neque dum vivunt semper sunt in eodem vigore, quia multis variationibus humana vita subiicitur, et sic non sunt homines ad eadem officia peragenda equaliter per totam vitam idonei. Aliud autem impedimentum boni publici conservandi ab interiori proveniens in perversitate voluntatum consistit, dum vel desides ad ea peragenda que requirit res publica, vel insuper sunt paci multitudinis noxii, dum transgrediendo iustitiam aliorum pacem perturbant. Tertium autem impedimentum rei publice conservande ab exteriori causatur, dum per incursum hostium pax dissolvitur et interdum regnum aut civitas funditus dissipatur.

[7] Igitur contra tria predicta triplex cura imminet regi. Primo quidem de successione hominum et substitutione illorum qui diversis officiis presunt; ut sicut per divinum regimen in rebus corruptibilibus, quia semper eadem durare non possunt, provisum est ut per generationem alia in locum aliorum succedant, ut vel sic conservetur integritas universi, ita per regis studium conservetur subiecte multitudinis bonum, dum sollicite curat qualiter alii in deficientium locum succedant. Secundo autem ut suis legibus et preceptis, penis et premiis homines sibi subiectos ab iniquitate coherceat et ad opera virtuosa inducat, exemplum a Deo accipiens qui hominibus legem dedit, observantibus quidem mercedem, transgredientibus penas retribuens.

sont mortels, ils ne peuvent durer indéfiniment, et au cours de leur vie, ils ne possèdent pas toujours la même vigueur, car la vie humaine est sujette à beaucoup de variations. Ainsi, les hommes ne sont pas aptes à remplir les mêmes offices d'une manière égale pendant toute leur vie. Un deuxième obstacle à la conservation du bien public provient de l'intérieur, et il consiste dans la perversité des volontés qui soit négligent de faire ce qu'exige la chose publique, soit même nuisent à la paix de la multitude quand, transgressant la justice, elles perturbent la paix d'autrui. Le troisième obstacle à la conservation de la chose publique a une cause extérieure, notamment par l'invasion des ennemis, lorsque la paix est détruite et parfois le royaume ou la cité totalement mis à sac.

[7] Face à ces trois obstacles, une triple charge oblige donc le roi. La première concerne la succession des hommes et le remplacement de ceux occupant les divers offices. Comme dans les choses corruptibles, parce qu'elles ne peuvent toujours rester les mêmes, le gouvernement divin a fait en sorte que, par la génération, les êtres se remplacent les uns les autres, de sorte que l'intégrité de l'univers soit sauvegardée[1] ; pareillement, par le soin du roi, le bien de la multitude qui lui est soumise sera conservé, en veillant soigneusement <à choisir> quels hommes remplaceront ceux qui viendront à partir. Deuxièmement, par ses lois et commandements, ses punitions et récompenses, <le roi> doit empêcher ses sujets de commettre l'iniquité et les encourager aux actes vertueux, en suivant l'exemple de Dieu qui donne sa loi aux hommes et rétribue ceux qui la suive d'un salaire, et ceux qui la transgresse de châtiments.

---

1. *Cf.* Thomas d'Aquin, *Somme contre les Gentils*, IV, 97 ; *Quaestiones disputate de potentia*, V, 5, éd. P. Bazzi, Turin, Marietti, 1953.

Tertio imminet regi cura ut multitudo sibi subiecta contra hostes tuta reddatur : nichil enim prodesset interiora vitare pericula, si ab exterioribus defendi non posset.

[8] Sic igitur bone multitudinis institutioni tertium restat ad regis officium pertinens, ut sit de promotione sollicitus : quod fit dum in singulis que premissa sunt si quid inordinatum est corrigere, si quid deest supplere, si quid melius fieri potest, studet perficere. Unde et Apostolus monet fideles ut semper emulentur charismata meliora.

[9] Hec igitur sunt que ad regis officium pertinent, de quibus per singula diligentius tractare oportet.

Troisièmement, le roi a la charge de protéger des ennemis la multitude qui lui est soumise. En effet, cela ne servirait à rien d'éviter les dangers intérieurs, si on ne pouvait pas se défendre contre ceux extérieurs.

[8] Ainsi donc, pour l'institution d'une bonne multitude, il reste une troisième <préoccupation> qui convient à l'office du roi : celui-ci doit se soucier du progrès, en s'appliquant, dans tous les domaines évoqués, à corriger, si quelque chose est en désordre, à remplacer, si quelque chose manque, et à se préoccuper de parfaire, si quelque chose de meilleur peut être fait. C'est pourquoi l'Apôtre conseille aux fidèles de toujours aspirer aux meilleurs charismes [1].

[9] Voici donc <les préoccupations> qui incombent à l'office du roi. Il nous faut à présent les traiter une à une, plus précisément.

---

1. 1Co 12, 31.

QUOD AD OFFICIUM REGIS SPECTAT INSTITUTIO CIVITATIS

[1] Primum igitur precipue oportet exponere regis officium ab institutione civitatis aut regni. Nam, sicut Vegetius dicit, « potentissime nationes et principes commendati nullam maiorem putaverunt quam aut fundare novas civitates, aut ab aliis conditas in nomen suum sub quadam amplificatione transferre » ; quod quidem documentis sacre Scripture concordat : dicit enim Sapiens in Eccleciastico, quod « edificatio civitatis confirmabit nomen ». Hodie namque nomen Romuli nesciretur nisi quia condidit Romam.

[2] In institutione autem civitatis aut regni, si copia detur, primo quidem est regio eligenda, quam temperatam esse oportet : ex regionis enim temperie habitatores multa commoda consequuntur. Primo namque consequntur

IL REVIENT À L'OFFICE DU ROI
DE FONDER LA CITÉ

[1] En tout premier lieu, il faut donc exposer l'office du roi à partir de la fondation d'une cité ou d'un royaume. En effet, comme le dit Végèce : « Les nations les plus puissantes et les princes les plus renommés ne peuvent atteindre de plus grande gloire que celle de fonder de nouvelles cités ou de donner leur nom à des cités déjà instituées par d'autres, parce qu'ils les ont agrandies »[1]. Ceci concorde avec les enseignements de l'Écriture sainte, car le Sage dit dans l'Ecclésiastique que « l'édification d'une cité perpétuera un nom »[2]. En effet, aujourd'hui le nom de Romulus ne serait pas connu, s'il n'avait fondé Rome.

[2] Dans la fondation d'une cité ou d'un royaume, si les moyens lui sont donnés, la première chose que doit choisir <le roi> est la région, qui doit être tempérée, car les habitants retirent de nombreux avantages du climat tempéré d'une région. Tout d'abord, en effet, le

---

1. Végèce, *Traité de l'art militaire*, IV, Avant-Propos, éd. et trad. V. Develay, Paris, J. Corréard, 1859.
2. Sir 40, 19.

homines ex temperie regionis incolumitatem corporis et longitudinem vite. Cum enim sanitas in quadam temperie humorum consistat, in loco temperato conservabitur sanitas : simile namque suo simili conservatur. Si vero fuerit excessus caloris vel frigoris, necesse est quod secundum qualitatem aeris corporis qualitas immutetur ; unde quadam naturali industria animalia quedam tempore frigido ad calida loca se transferunt, rursum tempore calido loca frigida repetentes, ut ex contraria dispositione loci temporis temperiem consequantur.

[3] Rursus : cum animal vivat per calidum et humidum, si fuerit calor intensus, cito naturale humidum exsiccatur et deficit vita, sicut lucerna cito extinguitur si humor infusus cito per ignis magnitudinem consummatur. Unde in quibusdam calidissimis Ethiopum regionibus homines ultra triginta annos non vivere perhibentur ; in regionibus vero frigidis in excessu, naturale humidum de facili congelatur et calor naturalis extinguitur. Deinde ad opportunitates bellorum quibus tuta redditur humana societas, regionis temperies plurimum valet. Nam, sicut Vegetius refert, « omnes nationes que vicine sunt soli, nimio calore siccate, amplius quidem sapere sed minus de sanguine habere dicuntur, ac propterea constantiam atque fiduciam de propinquo pugnandi non habent,

climat tempéré d'une région procure aux hommes un corps sain et une longue vie. Étant donné que la santé consiste dans un certain équilibre des humeurs [1], un lieu tempéré conserve la santé [2], car le même conserve le même. Mais s'il y a excès de chaleur ou de froid, il est nécessaire que la qualité du corps soit modifiée en fonction de la qualité de l'air ; c'est pourquoi, par une sorte d'habileté naturelle, certains animaux migrent dès qu'il fait froid dans des régions chaudes, et retournent par temps chaud dans les régions froides, afin d'obtenir par la disposition contraire des lieux, l'équilibre des saisons.

[3] De plus, comme l'animal vit grâce au chaud et à l'humide, si la chaleur devient intense, alors son humidité naturelle s'assèche rapidement, et la vie s'éteint, de même qu'une lanterne s'éteint rapidement, si le liquide qu'on y verse est consumé trop vite par une grande flamme. C'est pourquoi, dans certaines régions les plus chaudes d'Éthiopie, la durée de vie des hommes ne peut excéder trente ans [3]. À l'inverse, dans les régions excessivement froides, l'humide naturel se refroidit facilement et la chaleur naturelle s'éteint. Ensuite, pour les dispositions aux guerres qui garantissent la sécurité de la société humaine, une région tempérée a une très grande valeur. En effet, comme le rapporte Végèce : « Toutes les nations qui sont proches du soleil, asséchées par une chaleur excessive, ont plus de sagesse, mais moins de sang. Pour cette raison, ils n'ont pas la constance ni la confiance dans le combat au corps à corps,

---

1. Aristote, *Physique*, VII, 3, 246b4-5. *Cf.* Thomas d'Aquin, *Sententia libri Physicorum*, VII, 3, éd. cit. ; *Somme théologique*, I-II, q. 49, a. 2, ad I.

2. Aristote, *De la longévité et de la vie brève*, 1, 465a9-10, trad. P.-M. Morel, Paris, GF-Flammarion, 2000.

3. Albert le Grand, *De natura locorum*, II, 3, dans *Opera omnia*, t. IX, éd. A. Borget, Paris, Vivès, 1890.

quia metuunt vulnera qui modicum sanguinem se habere noverunt. Contra, septentrionales populi remoti a solis ardoribus inconsultiores quidem, sed tamen largo sanguine redundantes, sunt ad bella promptissimi. Hiis autem qui temperatioribus habitant plagis, et copia sanguinis suppetit ad vulnerum mortisque contemptum, nec prudentia deficit, que modestiam servet in castris et non parum prodest uti in dimicatione consiliis ».

[4] Demum temperata regio ad politicam vitam non modicum valet. Ut enim Aristotiles dicit in sua *Politica* : « Que in frigidis locis habitant gentes, sunt quidem plene animositate, intellectu autem et arte magis deficientes, propter quod libere perseverant magis : non vivunt autem politice et vicinis propter imprudentiam principari non possunt. Que autem in calidis locis sunt, intellective quidem sunt et artificiose secundum animam, sine animositate autem, propter quod subiecte quidem sunt, et subiecte perseverant. Que autem in mediis locis habitant et animositatem et intellectum habent, propter quod et liberi perseverant, et maxime politice vivere possunt, et sciunt aliis principari ».

[5] Est igitur eligenda regio temperata ad institutionem civitatis vel regni.

parce que, sachant qu'ils n'ont que peu de sang, ils craignent les blessures. En sens contraire, les peuples septentrionaux, éloignés des rayons ardents du soleil, étant plus irréfléchis, mais cependant en raison de leur abondance de sang, sont les plus prompts à la guerre. Ceux qui habitent des régions tempérées possèdent assez de sang pour mépriser les blessures mortelles, et ne manquent pas non plus de la prudence qui maintient une modération dans les camps et qui est d'une grande utilité dans les conseils qu'elle donne pour les combats » [1].

[4] En outre, une région tempérée n'est pas peu propice à la vie politique. Ainsi Aristote dit-il, dans sa *Politique* : « Les nations qui habitent dans des régions froides sont pleines d'énergie, mais elles sont plus dépourvues d'intelligence et d'habileté, c'est pourquoi elles conservent davantage leur liberté. Cependant, elles ne vivent pas d'une vie politique, et en raison de leur manque de prudence, elles ne peuvent pas commander les peuples voisins. Quant à ceux qui vivent dans des régions chaudes, ils sont intelligents et habiles dans les choses de l'esprit, mais sans énergie, c'est pourquoi ils sont asservis et restent soumis. Quant aux habitant des régions tempérées, ils possèdent et l'énergie et l'intelligence ; pour cette raison, ils restent des hommes libres et peuvent vivre pleinement selon un mode politique, et ils sont capables de commander aux autres » [2].

[5] Il faut donc choisir une région tempérée pour fonder une cité ou un royaume.

---

1. Végèce, *Traité de l'art militaire*, I, chap. 2, éd. cit.
2. Aristote, *Politiques*, VII, 7, 1327b23-32. Relevons que Thomas (ou la version latine qu'il utilise) ajoute la notion d'imprudence au propos d'Aristote. *Cf.* Aristote, *Politicorum libri octo cum vetusta translatione Guilelmi de Moerbeke*, éd. cit., p. 269.

QUOD CIVITAS HABEAT AEREM SALUBREM

[1] Post electionem autem regionis, oportet civitati construende idoneum locum eligere, in quo primo videtur aeris salubritas requirenda. Conversationi* enim civili preiacet naturalis vita, que per salubritatem aeris servatur illesa. Locus autem saluberrimus erit, ut Vitruvius tradit, « excelsus, non nebulosus, non pruinosus, regionesque celi spectans, neque estuosas neque frigidas, demum paludibus non vicinus ». Eminentia quidem loci solet ad eris salubritatem conferre, quia locus eminens ventorum perflationibus patet quibus redditur aer purus; vapores etiam, qui virtute radii solaris resolvuntur a terra et ab aquis, multiplicantur magis in convallibus et in locis demissis quam in altis. Unde in locis altis aer subtilior invenitur.

[2] Huiusmodi autem subtilitas aeris que ad liberam et sinceram respirationem plurimum valet, impeditur per nebulas et pruinas, que solent in locis multum humidis habundare; unde loca huiusmodi inveniuntur salubritati esse contraria. Et quia loca paludosa

CHAPITRE 6 (II, 2)

LA CITÉ DOIT AVOIR UN AIR SALUBRE

[1] Après la région, il faut choisir un lieu convenable pour construire une cité. Il semble qu'il faille exiger, en premier lieu, un air salubre. En effet, la vie* civile se fonde sur la vie naturelle, et cette dernière est préservée par la salubrité de l'air. Selon ce que rapporte Vitruve, le site le plus salubre sera « un lieu surélevé, sans nuages ni brumes, qui ne sera orienté ni vers les régions chaudes du ciel ni vers les froides, et à distance des marécages » [1]. L'élévation du lieu procure d'ordinaire un air salubre, car un lieu surélevé est accessible aux souffles des vents qui purifient l'air. Les vapeurs qui s'élèvent aussi par la vertu du rayonnement solaire de la terre et de l'eau se développent davantage dans les vallées et les lieux encaissés qu'en altitude. C'est pourquoi, dans les lieux surélevés, on trouve un air plus léger.

[2] Or, cette légèreté de l'air, qui est de première importance pour une respiration libre et pure, est empêchée par les nuages et les brumes, qui prolifèrent habituellement dans les lieux très humides. C'est pourquoi de tels lieux sont nuisibles à la santé. Et puisque les endroits marécageux

---

1. Vitruve, *De l'Architecture*, I, chap. 4, 1, éd. et trad. P. Feury, Paris, Les Belles Lettres, 1990.

nimia humiditate abundant, oportet locum construende urbi electum a paludibus esse remotum. « Cum enim aure matutine sole oriente ad locum ipsum pervenient, et eis orte a paludibus nebule adiungentur, flatus bestiarum palustrium venenatarum cum nebula mixtos spargent et locum facient pestilentem ». « Si tamen menia constructa fuerint in paludibus que fuerint prope mare, spectentque ad septentrionem vel circa, heeque paludes excelsiores fuerint quam littus marinum, rationabiliter videbuntur esse constructa. Fossis enim ductis exitus aque patebit ad littus, et mare tempestatibus actum in paludes redundando non patientur animalia palestria nasci. Et si aliqua animalia de superioribus locis adverint, inconsueta salsedine occidentur ».

[3] Oportet etiam locum urbi destinatum ad calorem et frigus temperate disponi secundum aspectum ad plagas celi diversas. « Si enim menia maxime prope mare constituta spectabunt ad meridiem, non erunt salubria : nam huiusmodi loca mane quidem erunt frigida quia non respiciuntur a sole, meridie vero erunt ferventia propter solis respectum. Que autem ad occidentem spectant, orto sole tepescunt vel etiam frigent, meridie calent, vespere fervent » propter caloris continuitatem et solis aspectum. Si vero ad orientem spectabunt menia, mane quidem propter solis oppositionem

sont pleins d'une humidité excessive, il faut que le lieu de la construction de la ville soit éloigné des marais. « En effet, comme au lever du soleil, les brises matinales parviennent en ce lieu, elles se mêlent aux nuages provenant des marais, et elles répandent les exhalaisons des bêtes empoisonnées dans les marécages en se mélangeant aux nuages, et rendent le lieu pestilentiel »[1]. « Cependant, si les murailles devaient être construites sur des marais proches de la mer et orientées au Nord, ou dans cette direction, et si ces marais étaient plus élevés que le niveau de la mer, <des villes> pourront raisonnablement y être bâties. En effet, en creusant des fossés, l'eau pourra être canalisée vers la mer, et les tempêtes de la mer se déverseront dans les marais, ce qui empêchera la naissance des animaux des marécages. Et si d'autres animaux provenaient des lieux en altitude, l'eau salée à laquelle ils ne sont pas habitués les tuerait »[2].

[3] Ensuite, pour que le lieu destiné à la ville soit dans un bon équilibre entre le chaud et le froid, il faut qu'il soit exposé aux différents horizons du ciel. « Les murailles construites à proximité de la mer, si elles sont orientées vers le Sud, ne seront pas saines. En effet, le matin, de tels lieux seront froids parce qu'ils ne sont pas exposés au soleil, et le midi, ils seront brûlants à cause de la réverbération du soleil. En revanche, les lieux orientés à l'Ouest sont frais voire froids au lever du soleil, ils se réchauffent à midi, et brûlent le soir »[3], à cause de la chaleur continue et de la présence du soleil. S'ils sont orientés à l'Est, le matin sera modérément chaud à cause de l'exposition

1. Vitruve, *De l'Architecture*, I, chap. 4, 1, éd. cit.
2. *Ibid.*, I, chap. 4, 11.
3. *Ibid.*, I, chap. 4, 1.

directam temperate calescent; nec multum in meridie calor augebitur, sole non directe spectante ad locum, vespere vero totaliter radiis solis adversis loca frigescent. Eademque vel similis temperies erit si ad aquilonem locus respiciat. Experimento autem cognoscere possumus quod in maiorem calorem minus salubriter aliquis transmutatur : « que enim a frigidis locis corpora traducuntur in calidas non possunt durare sed dissolvuntur », quia calor sugendo vaporem, naturales virtutes dissolvit; unde etiam in salubribus locis corpora estate infirma redduntur.

[4] Quia vero ad corporum sanitatem convenientium ciborum usus plurimum confert, oportet loci salubritatem qui constituende urbi eligitur, etiam ex conditione ciborum discernere qui nascuntur in terra; quod quidem explorare solebant antiqui ex animalibus ibidem nutritis. Cum enim hominibus aliisque animalibus commune sit uti ad nutrimentum his que nascuntur in terra, consequens est ut, si occisorum animalium viscera inveniuntur bene valentia, quod homines etiam in loco eodem salubrius possint nutriri. Si vero animalium occisorum appareant morbida membra, rationabiliter accipi potest quod nec etiam hominibus illius loci habitatio sit salubris.

[5] Sicut autem aer temperatus, ita et aqua salubris est requirenda : ex his enim maxime dependet sanitas corporum que sepius in usum hominum assumuntur. Et de aere quidem manifestum est quod continue ipsum aspirando

directe du soleil, et la chaleur n'augmentera pas beaucoup à midi, le soleil n'atteignant pas directement le lieu, et le soir, il fera frais parce que les rayons du soleil seront totalement à l'opposé. Les températures seront les mêmes ou semblables si la ville sera orientée au Nord. Or, l'expérience nous fait connaître qu'il est moins sain de passer à une chaleur plus grande. « En effet, lorsque des corps passent de régions froides à <des régions> chaudes, ils ne peuvent durer et ils se dissolvent »[1], car la chaleur, en aspirant la vapeur, dissout les vertus naturelles, d'où le fait que même dans les lieux sains, les corps s'affaiblissent pendant l'été.

[4] Mais, puisque l'usage d'aliments appropriés est requise pour la santé des corps, il faut tenir compte, pour décider de la salubrité du lieu choisi pour bâtir la ville, de la qualité des aliments qui poussent dans son sol. C'est ce que les Anciens avaient l'habitude d'examiner en fonction des animaux qui se nourrissaient sur place[2]. En effet, comme il est commun aux hommes et aux autres animaux d'utiliser pour se nourrir les fruits de la terre, il s'ensuit que si l'on trouve les viscères des animaux tués en bon état, alors les hommes pourraient aussi se nourrir sainement dans le même lieu. Mais si les membres des animaux tués semblent malades, on peut rationnellement inférer que ce lieu ne sera pas non plus une habitation salubre pour les hommes.

[5] De même qu'un air tempéré, il faut rechercher une eau potable. En effet, la santé des corps dépend principalement des choses que les hommes utilisent très souvent. Eu égard à l'air, il est manifeste qu'en l'aspirant

1. Vitruve, *De l'Architecture*, I, chap. 4, 4, éd. cit.
2. *Ibid.*, I, chap. 4, 9.

introrsum attrahimus usque ad ipsa vitalia; unde principaliter eius salubritas ad incolumitatem hominum confert. Inter alia que assumuntur per modum nutrimenti, aqua sepissime utimur tam in potibus quam in cibis, unde nichil post aeris puritatem magis pertinens ad loci sanitatem quam aquarum salubritas.

[6] Est et aliud signum ex quo considerari potest loci salubritas, si videlicet hominum in loco commorantium facies bene colorate apparent, robusta corpora et membra bene disposita, si pueri multi et vivaces, si senes multi reperiantur ibidem. E converso vero, si facies hominum deformes apparent, debilia corpora, exinanita membra vel morbida vel inordinate tumentia, si pauci et morbidi pueri et adhuc pauciores senes, dubitare non potest locum fore mortiferum.

continuellement, nous l'amenons à l'intérieur de nous-mêmes jusqu'aux organes vitaux. C'est pourquoi sa salubrité est primordiale pour la santé du corps. Mais de toutes les choses que nous employons pour nous nourrir, l'eau est celle qui est le plus souvent utilisée, aussi bien dans les boissons que dans les aliments : rien n'est plus important (excepté la pureté de l'air) à la salubrité d'un lieu que celle de l'eau.

[6] Il existe un autre signe d'après lequel on peut se rendre compte de la salubrité d'un lieu, à savoir si les hommes qui vivent à cet endroit présentent de bonnes couleurs au visage, un corps robuste et des membres bien faits, et si on y trouve de nombreux enfants vifs et beaucoup de vieillards. À l'inverse, si le visage des hommes y apparaît difforme, les corps faibles, les membres fragiles ou tuméfiés de façon désordonnée, si les enfants sont en petit nombre et maladifs, et s'il y a peu de vieillards, on ne peut douter que ce lieu sera mortifère.

QUOD <CIVITAS> HABEAT UBERTATEM
PROPTER VICTUM

[1] Oportet autem ut locus construende urbi electus non solum talis sit qui salubritate habitatores conservet, sed ubertate ad victum sufficiat : non enim est possibile multitudinem hominum habitare ubi victualium non suppetit copia. Unde Vitruvius refert, cum Dinocrates architector peritissimus Alexandro Macedoni demonstraret in quodam monte civitatem egregie forme construi posse, interrogasse Alexandrum si essent agri qui civitati possent frumentorum copiam ministrare. Quod cum deficere inveniret, respondit vituperandum esse si quis in tali loco civitatem construeret; sicut enim natus infans non potest ali sine nutricis lacte non potest ali nec ad incrementum perduci, sic civitas sine ciborum habundantia frequentiam populi habere non potest.

LA <CITÉ> DOIT AVOIR DE LA NOURRITURE EN ABONDANCE

[1] Il faut que le lieu choisi pour la construction d'une ville ne soit pas seulement tel qu'il conserve la santé de ses habitants, par sa salubrité, mais aussi que, par sa richesse, il suffise à les nourrir. En effet, il n'est pas possible qu'une multitude d'hommes habite en un lieu où il n'y a pas une assez grande abondance de nourriture. C'est pourquoi Vitruve[1] rapporte que, comme Dinocrate, architecte très habile, montrait à Alexandre de Macédoine qu'on pouvait construire une très belle ville sur une colline, Alexandre lui demanda s'il y avait des champs qui pourraient fournir à la cité du froment en abondance. Comme il découvrit que <cette condition> n'était pas remplie, il répondit que si quelqu'un construisait une cité en un tel lieu, il faudrait le blâmer. En effet, de même qu'un nouveau-né ne peut se nourrir ni grandir sans le lait de sa nourrice, de même une cité ne peut, sans une abondance d'aliments, avoir une population nombreuse.

---

1. Vitruve, *De l'Architecture*, II, Préface, éd. et trad. L. Callebat, Paris, Les Belles Lettres, 2003.

[2] Duo tamen sunt modi quibus alicui civitati potest affluentia rerum suppetere : unus qui dictus est, propter regionis fertilitatem habunde omnia producentis que humane vite requirit necessitas ; alius autem per mercationis usum, ex quo fit ut necessaria vite ad civitatem ex diversis partibus adducantur. Primus autem modus convenientior esse manifeste convincitur : tanto enim aliquid dignius est quanto per se sufficientius invenitur, quia quod alio indiget deficiens esse monstratur. Sufficientiam autem plenius possidet civitas cui circumiacens regio sufficiens est ad necessaria vite, quam illa que indiget ab aliis per mercationes accipere. Dignior igitur est civitas si habundantiam rerum habeat ex territorio proprio, quam si per mercationes habundet. Cum hoc etiam hoc videatur esse securius, quia propter bellorum eventus et diversa viarum discrimina de facili potest impediri deportatio victualium et accessus mercatorum ad locum, et sic civitas per defectum victualium opprimetur.

[3] Est etiam hoc utilius ad conversationem civilem. Nam civitas que ad sui sustentationem mercatorum multitudine indiget, necesse est ut continuum extraneorum convictum patiatur ; extraneorum autem conversatio corrumpit plurimum civium mores, secundum Aristotilis doctrinam in sua *Politica*, quia necesse est evenire ut

[2] Or, il y a deux manières qui peuvent assurer à une cité une abondance de biens. La première, dont nous avons parlé[1], consiste à produire en abondance toutes les choses nécessaires à la vie humaine grâce à la fertilité de la région. La seconde provient de la pratique du commerce qui achemine les biens nécessaires à la vie de divers endroits vers la cité[2]. On peut prouver de façon manifeste que le premier mode est plus approprié. En effet, une chose est d'autant plus digne qu'elle se trouve se suffire à elle-même, parce que ce qui a besoin d'autre chose prouve par là sa faiblesse[3]. Or, une cité se suffit mieux elle-même quand la région alentour procure les choses nécessaires à la vie, que <ne le fait une cité> qui a besoin de les recevoir des autres par le commerce. Une cité est donc plus digne, si elle possède une abondance de choses à partir de son propre territoire, que si elle l'obtient par le commerce. Avec cela, elle semble aussi être plus en sécurité, parce qu'à cause des événements des guerres et des difficultés diverses des voies de communication, l'importation des vivres et l'accès des marchands au lieu peuvent facilement être empêchés, et ainsi la cité sera opprimée par le manque de vivres.

[3] De plus, le premier moyen est plus utile à la vie civile. En effet, une cité qui, pour sa subsistance, a besoin d'une multitude de marchands, doit nécessairement subir un contact continu avec les étrangers. Or, selon l'enseignement d'Aristote dans sa *Politique*[4], la vie avec

---

1. Cf. *supra*, chap. II, 6, § 4.

2. Voir, à propos de cette distinction entre la production et le commerce, Aristote, *Les Politiques*, I, 8-10.

3. Aristote, *Éthique à Nicomaque*, I, 5, 1097b7-11. *Cf.* Thomas d'Aquin, *Sententia libri Ethicorum*, I, 9, éd. cit., p. 32-33 ; *Somme théologique*, II-II, q. 188, a. 8.

4. Aristote, *Les Politiques*, V, 3, 1303a27 et VII, 6, 1327a13-15.

homines extranei, aliis legibus et consuetudinibus enutriti, in multis aliter agant quam sint civium mores; et sic dum cives eorum exemplo ad agenda similia provocantur, civilis conversatio perturbatur.

[4] Rursus, si cives ipsi mercationibus fuerint dediti, pandetur pluribus vitiis aditus. Nam cum negotiatorum studium maxime ad lucrum tendat, per negotiationis usum cupiditas in cordibus civium radicatur; ex quo contingit ut in civitate omnia fiant venalia, et fide subtracta locus fraudibus aperitur, publicoque bono contempto proprio commodo quisque deserviet; deficietque virtutis studium, dum honor virtutis premium omnibus deferetur : unde necesse erit in tali civitate civilem conversationem corrumpi.

[5] Est autem negotiationis usus contrarius quam plurimum exercitio militari : negotiatores namque, dum umbram colunt, a laboribus vacant et fruuntur deliciis, mollescunt animi, et corpora redduntur debilia et ad labores militares inepta; unde secundum iura civilia negotiatio est militibus interdicta. Denique civitas illa solet esse magis pacifica, cuius populus rarius congregatur minusque intra urbis menia residet : ex frequenti enim hominum concursu datur occasio litibus et seditionibus materia ministratur. Unde, secundum Aristotilis doctrinam, utilius est quidem

des étrangers corrompt grandement les mœurs des citoyens, car il doit nécessairement se produire que des étrangers, éduqués sous d'autres lois et d'autres coutumes, agissent en beaucoup de choses différemment de ce que prescrivent les mœurs des citoyens, et les citoyens, par leur exemple, sont incités à agir de la même manière, ce qui perturbe grandement la vie civile.

[4] En outre, si les citoyens se consacrent eux-mêmes au commerce, la porte sera ouverte à de nombreux vices. En effet, comme la préoccupation des commerçants est toute tournée vers le profit, la cupidité s'implante dans le cœur des citoyens par la pratique du commerce. Il en résulte que toute chose dans la cité devient vénale, que, la bonne foi étant soustraite, place est faite aux fraudes, que chacun sert son avantage propre au mépris du bien public, et que la préoccupation de la vertu vient à faire défaut, lorsqu'on accorde l'honneur de la vertu aux riches. Il s'ensuit que la vie civile se corrompt nécessairement dans une telle cité.

[5] La pratique du commerce est aussi éminemment contraire à l'exercice militaire. En effet, les marchands, aimant l'ombre, fuient les travaux et jouissent des délices, leurs esprits s'amollissent et leurs corps deviennent fragiles et inaptes aux exercices militaires. C'est pourquoi, d'après le droit civil, le commerce est interdit aux soldats[1]. Enfin, la cité dont le peuple est plus rarement assemblé et ne réside qu'en minorité entre les murs de la ville, est d'habitude plus pacifique. En effet, le rassemblement fréquent d'hommes donne lieu à des litiges et offrent une matière aux séditions. C'est pourquoi, selon l'enseignement d'Aristote[2], il est plus utile

---

1. *Codex Iustinianus*, XII, tit. 34, éd. P. Krueger, dans *Corpus iuris civilis*, Berlin, Weidmann, vol. 2, 1892.

2. Aristote, *Les Politiques*, VI, 4, 1318b12.

quod populus civitatis exerceatur in agris quam quod intra civitatis menia iugiter commoretur. Si autem civitas sit mercationibus dedita, maxime necesse est ut intra urbem cives resideant ibique mercationes exerceant. Melius igitur est quod civitati victualium copia suppetat ex propriis agris, quam quod civitas sit totaliter negotiationi exposita.

[6] Nec tamen negotiatores omnino a civitate oportet excludi, quia non de facili potest inveniri locus qui sic omnibus vite necessariis habundet, quod non indigeat aliquibus aliunde allatis. Eorumque que in eodem loco superhabundant eodem redderetur inutilis copia, si per mercatorum officium ad alia loca deferri non posset. Unde oportet quod perfecta civitas mercatoribus moderate utatur.

que le peuple de la cité mène ses activités dans les champs, plutôt que de demeurer continuellement à l'intérieur des murs de la cité. Or, si une cité se consacre au commerce, il est absolument nécessaire que les citoyens résident à l'intérieur de la ville pour y pratiquer leur négoce. Il est donc préférable pour une cité qu'elle obtienne une abondance de vivres de ses propres champs plutôt que d'être totalement adonnée au commerce.

[6] Cependant, il ne faut pas exclure complètement les marchands de la cité, parce qu'on ne peut pas facilement trouver un lieu qui abonde en toutes choses nécessaires à la vie, si bien qu'il ne manque rien devant être apporté d'ailleurs. Et la surabondance de biens en un même lieu rendrait cette abondance inutile, si ces produits ne pouvaient pas, par l'office des marchands, être transportés dans d'autres lieux. Par conséquent, il faut que la cité parfaite fasse un usage modéré du commerce.

Capitulum octavum (II, 4)

QUOD SIT LOCUS AMENUS

[1] Est etiam locus construendis urbibus eligendus qui amenitate habitatores delectet. Non enim facile deseritur locus in quo delectabiliter vivitur, neque de facili ad locum illum confluit habitantium multitudo cui deest amenitas, eo quod absque amenitate vita hominis diu durare non possit. Ad hanc autem amenitatem pertinet quod sit locus camporum planitie distentus, arborum ferax, montium propinquitate conspicuus, nemoribus gratus et aquis irriguus.

[2] Verum quia nimia amenitas superflue ad delicias allicit homines, quod civitati plurimum nocet. Primo namque homines vacantes deliciis sensu hebetantur : immergit enim earum suavitas sensibus animam, ita quod in rebus delectantibus liberum iudicium habere non possunt ; unde secundum Aristotilis sententiam, prudentie iudicis per delectationem corrumpitur. Deinde delectationes superflue ab honestate virtutis deficere faciunt : nichil enim magis facilius perducit

CHAPITRE 8 (II, 4)

LE LIEU DOIT ÊTRE AGRÉABLE

[1] Il faut encore, pour construire des villes, choisir un lieu qui charme ses habitants par ses agréments. En effet, on ne quitte pas facilement un lieu où l'on vit de manière plaisante et il n'est pas aisé de rassembler une multitude d'habitants dans un lieu dépourvu de tout agrément, dans la mesure où la vie des hommes ne peut perdurer longtemps sans agrément. Ce qui contribuera à cet agrément, c'est que le lieu s'étende sur une large plaine pourvue d'arbres, embellie par la proximité des montagnes, plaisante par ses ombrages et arrosée de rivières.

[2] Il est vrai que trop d'agréments attirent les hommes vers des délices superflus, et cela nuit grandement à la cité. Tout d'abord, en effet, les hommes qui s'abandonnent aux délices sont affaiblis dans leur sens, car la suavité de ces délices plonge l'âme dans les sens, et pour cette raison, <les hommes> ne peuvent conserver un libre jugement à propos de ces plaisirs. D'où cette phrase d'Aristote : le jugement de la prudence se corrompt par le plaisir [1]. Ensuite, les plaisirs superflus font déchoir les hommes de l'honnêteté de la vertu, car rien ne conduit plus facilement que le plaisir

---

1. Aristote, *Éthique à Nicomaque*, VI, 5, 1140b11-21. *Cf.* Thomas d'Aquin, *Sententia libri Ethicorum*, VI, 4, éd. cit., p. 346-347.

ad immoderatum augmentum per quod medium virtutis corrumpitur, quam delectatio ; tum quia natura delectationis est avida, et sic modica occasione sumpta precipitatur in turpium delectationum illecebras, sicut ligna sicca ex modico igne accenduntur ; tum etiam quia delectatio appetitum non satiat, sed gustata sitim sui magis inducit. Unde ad virtutis officium pertinet, ut homines a delectationibus superfluis abstrahant, sic enim superfluitate vitata facilius ad medium virtutis pervenietur.

[3] Consequenter etiam deliciis superflue dediti mollescunt animo et ad ardua queque attentanda necnon ad tolerandos labores et pericula subeunda pusillanimes fiunt ; unde et ad bellicum usum delicie plurimum nocent, quia, ut Vegetius dicit in libro *De re militari* : « minus timet mortem, qui minus deliciarum se novit habuisse in vita ». Demum deliciis resoluti plerumque pigrescunt et, pretermissis necessariis studiis et negotiis debitis, solis deliciis adhibent curam, in quas que prius ab aliis fuerant congregata profuse dispergunt ; unde ad paupertatem deducti, dum consuetis deliciis carere non possunt, se furtis et rapinis exponunt ut habeant unde possint suas voluptates explere. Est igitur noxium civitati, vel ex loci dispositione vel ex quibuscumque aliis rebus, deliciis superfluis habundare.

[4] Opportunum est igitur in conversatione humana modicum delectationis quasi pro condimento habere, ut animi hominum recreentur.

à cet excès immodéré qui corrompt le juste milieu de la vertu, soit parce que la nature est tellement avide de plaisir, et ainsi, ayant goûté à un plaisir modéré, l'homme se précipite vers les attraits des plaisirs honteux – comme un bois sec qui a été enflammé par un feu modéré –, soit parce que le plaisir ne rassasie pas l'appétit, mais celui goûté augmente la soif que l'on en a. C'est pourquoi l'office de la vertu consiste à ce que les hommes s'abstiennent de tous plaisirs <superflus> ; car une fois qu'on a évité le superflu, on parvient plus facilement au juste milieu de la vertu.

[3] Par conséquent, l'esprit de ceux qui s'adonnent aux plaisirs de manière superflue s'amollit et ils deviennent pusillanimes dès qu'il faut entreprendre des choses difficiles, supporter des efforts, braver des dangers. C'est pourquoi les plaisirs nuisent beaucoup à l'exercice militaire, car comme dit Végèce dans son *Traité de l'art militaire* : « Il craint moins la mort celui qui sait qu'il a joui de moins de délices dans sa vie » [1]. En outre, ceux qui s'adonnent aux délices sont souvent paresseux et, délaissant le soin des choses nécessaires et les affaires dont ils devraient s'occuper, ils n'ont de souci que de leurs seuls délices, pour lesquels ils dissipent avec profusion les biens que d'autres avaient rassemblés auparavant. Ainsi réduits à la pauvreté, tout en ne pouvant pas se passer des délices auxquels ils sont accoutumés, ils s'exposent à des fraudes et à des vols pour avoir de quoi étancher leurs plaisirs. Il est donc nuisible à une cité d'avoir en abondance des délices superflus, qu'ils viennent de la disposition du lieu ou de toute autre chose.

[4] Il est alors opportun de trouver dans la vie avec les hommes un plaisir modéré, comme un agrément nécessaire, pour que les esprits des hommes soient ranimés.

---

1. Végèce, *Traité de l'art militaire*, I, chap. 3, éd. cit.

GLOSSAIRE

Aristocratia **(aristocratie)**. Une des six formes de gouvernement (régime ou constitution, dirions-nous aujourd'hui) décrites par Aristote en *Politique* III, 7 et *Éthique*, VIII, 10, selon deux critères : tout d'abord, la fin de ceux qui exercent le gouvernement (soit le bien propre, soit le bien commun, ce qui les rend respectivement déviées ou droites) ; puis le nombre de gouvernants (soit un seul, soit un petit nombre, soit plusieurs). L'aristocratie est le gouvernement par un petit nombre (les meilleurs ou gens de bien) en vue du bien commun.

Auctoritas **(autorité).** Statut de prestige, pouvoir de commandement qui repose sur une supériorité morale.

Conversatio **(vie avec).** Relation, fréquentation des hommes entre eux, vie en commun ; ici, dans un cadre civil ou politique. Occurrences : *conversatio civilis* (II, 6, § 1 ; II, 7, § 3-4), *conversatio extraneorum* (II, 7, § 3), *conversatio humana* (II, 8, § 4).

Congregatio **(association).** Regroupement d'êtres vivants en vue d'une fin commune. Occurrences : *congregatio humana* (II, 3, § 5), *congregatio civilis* (II, 3, § 5).

Democratia **(démocratie).** Une des six formes de gouvernement. La démocratie est le gouvernement par le grand nombre en vue de leur bien propre.

Dominium **(seigneurie).** Fait d'être maître (*dominus*) de quelqu'un ou de quelque chose ; pouvoir politique ou divin sur les personnes ou sur les choses.

Institutio (**fondation, création, institution**). Établissement de quelque chose de manière durable, que ce soit le monde par Dieu (création), la cité ou le royaume par le roi (fondation), une entité politique ou la vie bonne par une autorité (institution).

Multitudo (**multitude**). Communauté de personnes réunies par une fin et une organisation politique communes.

Natura (**nature**). Ainsi que l'adjectif et l'adverbe de la même racine (*naturalis, naturaliter*), en particulier dans l'expression « naturale est homini ut sit animal sociale et politicum ». Nature renvoie à l'essence même de l'homme, à ce qui le définit en tant que tel, c'est-à-dire ses facultés ou caractéristiques propres.

Officium (**office**). Charge et devoir considérés sur le plan des responsabilités qui s'y rattachent vis-à-vis de la communauté politique ; obligations, tâches à accomplir en fonction d'un statut spécifique[1].

Oligarchia (**oligarchie**). Une des six formes de gouvernement. L'oligarchie est le gouvernement par un petit nombre en vue de leur bien propre.

Politia (**constitution politique**). Une des six formes de gouvernement. La constitution politique est le gouvernement par un grand nombre en vue du bien commun.

Politicum (**politique**). À associer à *sociale* (social). Il semble que pour Thomas ces deux adjectifs soient proches au niveau du sens, alors qu'ils étaient, dans la tradition antique, antagonistes (l'animal politique d'Aristote, c'est l'homme citoyen de la cité de la Grèce ancienne, l'animal social, c'est l'homme citoyen du monde tel que l'avaient conçu les stoïciens, dont la pensée et le vocabulaire, transmis aux Latins par Sénèque et Macrobe, s'étaient imposés à Augustin) ; pour Thomas, le politique précise la société propre à l'homme, la sphère sociale qui dépasse celle de la famille.

---

1. Voir à ce propos les précisions terminologiques proposées par F. Lachaud dans l'« Introduction » de son ouvrage *L'éthique du pouvoir au Moyen Âge. L'office dans la culture politique (Angleterre, vers 1150-vers 1330), op. cit.*, p. 29-39.

Potestas **(pouvoir)**. Pouvoir de commandement, en tant que fonction sociale, politique, juridique.

Potentia **(puissance)**. Capacité, dans le domaine politique, d'user de la force et de la coercition.

Principatus **(exercice du pouvoir)**. Exercice de la prééminence politique, de la souveraineté sur une communauté.

Regimen **(gouvernement)** [1]. Conduite, direction (à distinguer de la domination ou de la seigneurie) d'une entité naturelle (monde, communauté humaine); quelquefois, plus précisément, forme politique spécifique de ce gouvernement (régime).

Regnum **(royauté, royaume)**. Une des six formes de gouvernement, celle du roi, la meilleure dans l'absolu, selon Thomas d'Aquin. La royauté est le gouvernement par un seul en vue du bien commun. Cela peut aussi faire référence à la dignité royale. C'est enfin l'entité gouvernée par le roi, le royaume.

Societas **(société)**. État des êtres vivants (tant animaux qu'hommes) qui vivent dans un groupe organisé, communauté d'intérêts [2]. Occurrences : *societas multorum* (I, 1, § 2 et 5), *societas multitudinis* (I, 1, § 10), *communio societatis* (I, 10, § 3), *humana societas* (II, 5, § 3).

Tyrannia **(tyrannie)**. Une des six formes de gouvernement. La tyrannie est le gouvernement d'un seul en vue de son bien propre.

1. Voir, à propos de ce terme et de sa distinction avec celui de « domination » ou de « seigneurie », les pages éclairantes de M. Senellart, *Les arts de gouverner, op. cit.*, p. 19-31. N'ayant pas voulu utiliser la traduction « régime » qui réduisait le champ sémantique du terme, celui-ci est traduit par le même substantif français que « gubernatio ».
2. J. Habermas a affirmé, dans son *Théorie et pratique, op. cit.*, p. 76-77, que « Thomas d'Aquin ne conçoit plus cette communauté dans son sens originel de *polis* : la *civitas* est devenue subrepticement *societas* ». Même s'il n'est pas correct de dire que pour Thomas les termes *civitas* et *societas* sont synonymes, il est vrai qu'il utilise le second de manière différente qu'Aristote, le rapatriant dans le champ de la politique.

BIBLIOGRAPHIE

ÉDITIONS ET TRADUCTIONS
DU *DE REGNO AD REGEM CYPRI*

Éditions originales

De regno ad regem Cypri, dans *Sancti Thomae Aquinatis... Opera omnia iussu Leonis XIII*. P. M. edita [ed. Leonina], t. 42, Roma, 1979.

De regimine principum, dans *Opuscula omnia necnon opera minora*, t. 1 : *Opuscula philosophica*, éd. J. Perrier, Paris, Lethielleux, 1949, p. 221-269.

Traductions françaises

Du royaume, trad. abbé Bandel, dans *Opuscules de saint Thomas*, t. III, Paris, Louis Vivès, 1857.

Du gouvernement royal, trad. C. Roguet, Paris, La Gazette Française, 1926.

Du gouvernement royal, trad. revue et corrigée C. Roguet, Paris, Librairie du Dauphin, 1931.

Du royaume, trad. M. Martin-Cottier, Paris, Egloff, 1946.

De la royauté, dans *Petite somme politique. Anthologie de textes politiques*, trad. D. Sureau, Paris, Téqui, 1997, p. 39-115.

De regno, trad. B. Rulleau, réédition, Argenteuil, Civitas, 2010.

De la royauté, ou Du gouvernement royal, dans *Penser le politique*, trad. M. Nodé-Langlois, Paris, Dalloz, 2015, p. 63-110.

Traductions anglaises

On the Governance of Rulers, trad. G. B. Phelan, London, Sheed and Ward Publishers, 1943.

On Kingship, dans *Selected Political Writings*, éd. A. P. D'Entrèves, trad. J. G. Dawson, Oxford, Basil Blackwell, 1948, p. 2-83.

On Kingship to the King of Cyprus, trad. G. B. Phelan, revu par I. T. Eschmann, Toronto, The Pontifical Institute of Medieval Studies, 1949.

On the Governance of Rulers, trad. J. M. Blythe, Philadelphia, University of Philadelphia Press, 1997, p. 60-112.

De regno, dans *Political Writings*, trad. R. W. Dyson, Cambridge, Cambridge University Press, 2002, p. 5-51.

LITTÉRATURE PRIMAIRE

Thomas d'Aquin

L'ouvrage de J.-P. TORRELL, *Initiation à saint Thomas d'Aquin. Sa personne et son œuvre*, Fribourg-Paris, Editions universitaires-Cerf, 2ᵉ éd., 2002, comporte un catalogue complet des œuvres et des éditions de Thomas d'Aquin, qui reste une référence malgré quelques mises à jour nécessaires. On se contentera d'indiquer ici les éditions des textes présentés ou cités dans ce volume et quelques traductions françaises ou anglaises.

Tous les textes de Thomas en langue originale sont disponibles en ligne sur le site *Corpus thomisticum* : http://www.corpusthomisticum.org (consulté le 11.01.15).

Il existe aussi des sites qui proposent les traductions françaises des œuvres de Thomas, qu'il faut aborder avec plus ou moins de précaution et de sens critique, mais qui peuvent être utiles pour les textes qui ne possèdent pas de traductions officielles, en particulier http://docteurangelique.free.fr/saint_thomas_d_aquin.html et http://www.thomas-d-aquin.com/Pages/Traductions/Traductions4.html (consultés le 11.01.15).

Éditions originales

Scriptum super libros Sententiarum, éd. R. Mandonnet, Paris, 1929 (livres I et II) ; éd. M. F. Moos, Paris, 2 vol., 1933 et 1947 (livres III et IV, jusqu'à la distinction 22).

Expositio libri Peryermeneias, dans *Sancti Thomae Aquinatis... Opera omnia iussu Leonis XIII*. P. M. edita [ed. Leonina], t. 1, 1, Roma, 1882.

Sententia libri De anima, dans *Sancti Thomae Aquinatis... Opera omnia iussu Leonis XIII*. P. M. edita [ed. Leonina], t. 45, 1, Roma, 1984.

Sententia libri Metaphysicae, éd. M.-R. Cathala et R. M. Spiazzi Torino – Roma, Marietti, 1950.

Sententia libri Ethicorum, dans *Sancti Thomae Aquinatis... Opera omnia iussu Leonis XIII*. P. M. edita [ed. Leonina], t. 47, Roma, 1969.

Sententia libri Politicorum, dans *Sancti Thomae Aquinatis... Opera omnia iussu Leonis XIII*. P. M. edita [ed. Leonina], t. 48, Roma, 1971.

Super Librum de Causis Expositio, éd. H. D. Saffrey, Paris, Vrin, 2002.

Quaestiones disputate de potentia, éd. P. Bazzi, Torino – Roma, Marietti, 1953.

Contra errores Graecorum, dans *Sancti Thomae Aquinatis... Opera omnia iussu Leonis XIII*. P. M. edita [ed. Leonina], t. 40, Roma, 1969.

Summa contra Gentiles, dans *Sancti Thomae Aquinatis... Opera omnia iussu Leonis XIII*. P. M. edita [ed. Leonina], t. 13-15, Roma, 1918-1930.

Summa theologiae, dans *Sancti Thomae Aquinatis... Opera omnia iussu Leonis XIII*. P. M. edita [ed. Leonina], t. 4-12, Roma, 1888-1906.

Traductions

Commentary on Aristotle's Politics, trad. R. Regan, Indianapolis, Hackett Publishing, 2007.

Commentary on Aristotle's Nicomachean Ethics, trad. C. I. Litzinger, Notre Dame, Dumb Ox Books, 1993.

Somme théologique, éd. A. Raulin, trad. A.-M. Roguet, 4 vol., Paris, Cerf, 1984.

Somme contre les Gentils. Livre sur la vérité de la foi catholique conte les erreurs des infidèles, trad. V. Aubin, C. Michon, D. Moreau, Paris, GF-Flammarion, 1999.

Auteurs antiques et médiévaux

ALBERT LE GRAND, *Politicorum libri VIII*, dans *Alberti Magni Opera omnia...*, t. VII, éd. A. Borgnet, Paris, Vivès, 1891.

– *Super Ethica. Commentum et quaestiones*, dans *Alberti Magni Opera omnia*, éd. Institutum Alberti Magni Coloniense, t. XIV, 1-2, éd. W. Kübel, Monasterii Westfalorum, 1968-1987.

– *Ethica*, dans *Opera omnia....*, t. VII, éd. A. Borgnet, Paris, Vivès, 1891.

– *De natura locorum*, dans *Opera omnia....*, t. IX, éd. A. Borgnet, Paris, Vivès, 1890.

ARISTOTE, *Histoire des animaux*, trad. J. Tricot, Paris, Vrin, 1957, 2ᵉ éd., 1987.

– *Parties des animaux*, trad. P. Pellegrin, Paris, GF-Flammarion, 2011.

– *De la longévité et de la vie brève*, trad. P.-M. Morel, Paris, GF-Flammarion, 2000.

– *Physique*, trad. A. Stevens, Paris, Vrin, 2012.

– *Métaphysique*, trad. J. Tricot, Paris, Vrin, 1932, rééd. 2003.

– *Éthique à Nicomaque*, trad. R. Bodéüs, Paris, GF-Flammarion, 2008.

– *Ethica Nicomachea, translatio Roberti Grosseteste Lincolniensis, Recensio pura, Aristoteles Latinus* XXVI (*fasciculus tertius*), éd. R.A. Gauthier, Leiden, Brill, 1972.

– *Ethica Nicomachea, translatio Roberti Grosseteste Lincolniensis, Recensio recognita, Aristoteles Latinus* XXVI (*fasciculus quartus*), éd. R.A. Gauthier, Leiden, Brill, 1973.

– *Les Politiques*, trad. P. Pellegrin, Paris, GF-Flammarion, 1993.

– *Politicorum libri octo cum vetusta translatione Guilelmi de Moerbeke*, éd. F. Susemihl, Leipzig, Teubner, 1872.

– *Rhétorique*, trad. P. Chiron, Paris, GF-Flammarion, 2007.

ASPASIUS, *The Greek Commentaries on the Nicomachean Ethics of Aristotle in the Latin Translation of Robert Grosseteste, Bishop of Lincoln* (†1253), vol. III : *The Anonymous Commentator on Book VII, Aspasius on Book VIII, and Michael of Ephesus on Books IX and X*, éd. H. P. F. Mercken, Leuven, Brill, 1991, p. 103-195.

AUGUSTIN, *La Cité de Dieu*, éd. et trad. L. Jerphagnon, Paris, Gallimard, 2000.

AVICENNE, *Liber des Anima sive sextus de naturalibus*, éd. S. Van Riet, Louvain, Peeters, 1968.

CICÉRON, *Les Tusculanes*, éd. G. Fohlen, trad. J. Humbert, Paris, Les Belles Lettres, 1931, 5ᵉ éd., 1997.

– *Les Devoirs*, éd. et trad. M. Testard, Paris, Les Belles Lettres, 1974.

– *La République*, éd. et trad. E. Breguet, Paris, Les Belles Lettres, 1980, rééd. 1991.

Codex Iustinianus, éd. P. Krueger, dans *Corpus iuris civilis*, vol. 2, Berlin, Weidmann, 1892.

Decretum Magistri Gratiani, éd. A. Friedberg, dans *Corpus iuris canonici*, vol. 1, Leipzig, Bernhard Tauchnitz, 1879.

ÉTIENNE DE LUSIGNAN, *Chorografia e breve historia universale dell'isola di Cipro*, Bologna, 1573.

EUSÈBE DE CÉSARÉE, *Chronica*, PG 19, col. 99-598.

GRÉGOIRE LE GRAND, *La Règle pastorale*, Livres I-II, éd. F. Rommel, trad. C. Morel. Paris, Cerf, 1992.

ISIDORE DE SÉVILLE, *Étymologies IX*, éd. et trad. M. Reydellet, Paris, Les Belles Lettres, 1984.

JEAN DE SALISBURY, *Policraticus*, éd. C. C. J. Webb, London – Oxford, Clarendon Press, 2 vol., 1909, réimpression anastatique Francfort, Minerva, 1965. Pour les livres I-IV, éd. K. S. B. Keats-Rohan, « CCCM » 118, Turnhout, Brepols, 1993.

JÉRÔME, *De viris illustribus*, PL 23, col. 601-720.

– *Commentaire sur Saint Matthieu*, t. 1, éd. et trad. E. Bonnard, Paris, Cerf, 1977.

JULES CÉSAR, *La Guerre des Gaules*, éd. et trad. L.-A. Constans, Paris, Les Belles Lettres, 13ᵉ éd., 1990.

Liber extravagantium decretalium, éd. E. Friedberg, dans *Corpus Iuris Canonici*, vol. II, Leipzig, Bernhard Tauchnitz, 1881.

MACROBE, *Commentaire au Songe de Scipion*, Tome II, Livre II, éd. et trad. M. Armisen-Marchetti, Paris, Les Belles Lettres, 2001.

PIERRE D'AUVERGNE, *Scriptum super libros Politicorum, III, 7-VIII*, dans THOMAS D'AQUIN, *In octo libros Politicorum Aristotelis expositio*, éd. R. M. Spiazzi, Torino – Roma, Marietti, 1951, p. 142-438.

– *Scriptum super III-VIII libros Politicorum*, éd. L. Lanza, « Corpus Philosophorum Medii Aevi. Opera Philosophica mediae aetatis selecta », Tübingen-Basel, Francke, à paraître.

PIERRE LOMBARD, *Sententiae*, éd. Collegii S. Bonaventurae, Grottaferrata, 1971.

PROCLUS, *Elementatio theologica translata a Guillelmo de Morbecca*, éd. H. Boese, Leuven, Leuven University Press, 1987.

PSEUDO DENYS L'ARÉOPAGITE, *Les Noms divins*, trad. M. de Gandillac, dans *Œuvres complètes*, Paris, Aubier, 1989.

PTOLÉMÉE DE LUCQUES, *De regimine principum*, dans THOMAS D'AQUIN, *Opuscula omnia necnon opera minora*, éd. J. Perrier, Paris, Lethellieux, 1949, p. 270-426.

SALLUSTE, *La Conjuration de Catilina*, éd. et trad. A. Ernout, Paris, Les Belles Lettres, 1999.

SÉNÈQUE, *Les Bienfaits*, éd. et trad. F. Préchac, Paris, Les Belles Lettres, 1972.

SUÉTONE, *Vie des douze Césars*, éd. et trad. H. Ailloud, Paris, Les Belles Lettres, 1989.

TITE LIVE, *Histoire romaine*, trad. A. Flobert, Paris, GF-Flammarion, 1993.

VALÈRE MAXIME, *Faits et dits mémorables*, éd. et trad. R. Combès, Paris, Les Belles Lettres, 1995.

VÉGÈCE, *Traité de l'art militaire*, éd. et trad. V. Develay, Paris, J. Corréard, 1859.

VINCENT DE BEAUVAIS, *Speculum historiale*, fac-similé de l'édition Douai (1624), Graz, Akademische Druck- und Verlagsanstalt, 1965.

– *Speculum doctrinale*, fac-similé de l'édition Douai (1624), Graz, Akademische Druck- und Verlagsanstalt, 1965.

VITRUVE, *De l'Architecture*, éd. et trad. P. Feury, Paris, Les Belles Lettres, 1990.

Études

BLACK A., *Political Thought in Europe 1250-1450*, Cambridge, Cambridge University Press, 1992.

BLEAKLEY H. H., « The Art of Ruling in Aquinas'*De regimine principum* », *History of Political Thought* 20 (1999), p. 575-602.

BLYTHE J.M., *Le gouvernement idéal et la constitution mixte au Moyen Âge*, trad. J. Ménard, Fribourg – Paris, Academic Press – Cerf, 2005, p. 69-97.

BOSSIER F., « Méthode de traduction et problèmes de chronologie », dans *Guillaume de Moerbeke. Recueil d'études à l'occasion du 700ᵉ anniversaire de sa mort (1268)*, éd. J. Brams, W. Vanhamel, Leuven, Leuven University Press, 1989, p. 257-294.

BOWE G., *The Origin of Political Authority*, Dublin, Clonmore, 1955.

BOYLE L. E., « The *De regno* and the Two Powers », dans *Essays in Honour of Anton Charles Pegis*, éd. J. R. O'Donnell, Toronto, Pontifical Institute of Mediaeval Studies, 1974, p. 237-247.

BRIGUGLIA G., *Il corpo vivente dello Stato. Una metafora politica*, Milano, Bruno Mondadori, 2006.

CARRON D., « Le pouvoir politique avant et après le péché originel chez Ptolémée de Lucques », dans *Adam, La nature humaine, avant et après. Epistémologie de la chute*, éd. I. Rosier-Catach, G. Briguglia, Paris, Presses de la Sorbonne, 2016, p. 231-253.

CATTIN Y., *L'anthropologie politique de Thomas d'Aquin*, Paris, L'Harmattan, 2001.

CATTO J., « Ideas and Experience in the Political Thought of Aquinas », *Past and Present* 71 (1976), p. 4-21.

CHENEVAL F., « Considérations presque philosophiques sur les commentaires de la *Politique* d'Albert le Grand et de Thomas d'Aquin », dans *Albert le Grand et sa réception au Moyen Âge. Hommage à Zénon Kaluza*, éd. F. Cheneval, R. Imbach, T. Ricklin, Separatum de la *Freiburger Zeitschrift für Philosophie und Theologie* 45 (1998), p. 56-83.

CHENU M.-D., *Introduction à l'étude de saint Thomas d'Aquin*, Montréal – Paris, Institut d'Études médiévales – Vrin, 3ᵉ éd., 1974.

– « Compte-rendu », *Bulletin Thomiste* 5 (1928), p. 334.

DAGUET F., « Saint Thomas et les deux pouvoirs. Éléments de théologie politique », *Revue thomiste* 102, 4 (2002), p. 531-568.

– « Le politique chez Saint Thomas d'Aquin », dans *Saint Thomas d'Aquin*, éd. T.-H. Humbrecht, Paris, Cerf, 2010, p. 379-409.

– « Le bien commun dans la théologie politique de saint Thomas d'Aquin », *Revue thomiste* 114, 1 (2014), p. 95-127.

– *Du politique chez Thomas d'Aquin*, Paris, Vrin, 2015.

DEMONGEOT M., *Le meilleur régime politique selon Thomas d'Aquin*, Paris, Blot, 1929.

DUNBABIN J., « Aristotle in the Schools », dans *Trends in Medieval Political Thought*, éd. B. Smalley, Oxford – New York, Barnes & Nobles, 1965, p. 65-86.

ECHARD J., *Scriptores Ordinis Praedicatorum recensiti*, Paris, Ballard et Simart, t. 1, 1719.

ENDRES J. A., « *De regimine principum* des heiligen Thomas von Aquin : eine kritische Erörterung », dans *Festgabe Clemens*

Baeumker, éd. F. Ehrle *et alii*, Münster, Aschendorff, 1923, p. 261-268.

ESCHMANN I. T., « Saint Thomas Aquinas on the Two Powers », *Medieval Studies* 20 (1958), p. 177-205.

FINNIS J., « Aquinas'Moral, Political, and Legal Philosophy », dans *The Stanford Encyclopedia of Philosophy*, éd. E. N. Zalta, en ligne : http://plato.stanford.edu/archives/sum2014/entries/aquinas-moral-political (consulté le 14.01.15).

FITZGERALD L. P., « Saint Thomas Aquinas and the Two Powers », *Angelicum* 56 (1979), p. 515-556.

FLORI E., « Il tratto *De regimine principum* e le dottrine politiche di S. Tommaso », dans *La scuola cattolica. Scritti vari nel VI centenario della canonizzazione di S. Tommaso d'Aquino*, (1924), p. 133-169.

FLÜELER C., *Rezeption und Interpretation der aristotelischen* Politica *im späten Mittelalter*, Amsterdam – Philadelphia, B. R. Grüner, 2 vol., 1992.

GAUTHIER R.-A., *Saint Thomas d'Aquin, Somme contre les Gentils, Introduction*, Paris, Éditions Universitaires, 1993.

GENICOT L., « Le *De regno* : spéculation ou réalisme ? », dans *Aquinas and Problems of his Time*, éd. G. Verbeke, D. Verhelst, Leuven – The Hague, Leuven University Press – Martius Nijhoff, 1976, p. 3-17.

GILBY T., *Principality and Polity : Aquinas and the Rise of State Theory in the West*, London, Longmans, 1958.

GILSON E., « La vie sociale », dans *Le thomisme. Introduction à la philosophie de saint Thomas d'Aquin*, Paris, Vrin, 6ᵉ éd. revue, 1965, p. 375-405.

GRANDCLAUDE M., « Les particularités du *De regimine principum* de S. Thomas », *Revue historique de droit français et étranger* (1929), p. 665-666.

GRIVAUD G., « Literature », dans *Cyprus. Society and Culture, 1191-1374*, éd. A. Nicolaou-Konnari et C. Schabel, Leiden – Boston, Brill, 2005, p. 219-284.

HABERMAS J., *Théorie et pratique. Critique de la politique 1*, trad. G. Raulet, Paris, Payot, 1975.

IMBACH R., « Démocratie ou monarchie? La discussion sur le meilleur régime politique chez quelques interprètes français de Thomas d'Aquin (1893-1928) », dans *Saint Thomas au XX*ᵉ *siècle*, éd. S.-Th. Bonino, Paris, Saint-Paul, 1994, p. 335-350.

– « Introduction », dans THOMAS D'AQUIN, BOÈCE DE DACIE, *Sur le bonheur*, trad. R. Imbach, I. Fouche, Paris, Vrin, 2006, p. 7-41.

IMBACH R. et A. OLIVA, *La philosophie de Thomas d'Aquin. Repères*, Paris, Vrin, 2009.

JORDAN M. D., « *De regno* and the Place of Political Thinking in Thomas Aquinas », *Medioevo, Rivista di filosofia medievale* 18 (1992), p. 151-168.

KANTOROWICZ E., *Les deux corps du roi. Essai sur la théologie politique au Moyen Âge*, trad. J.-P. Genet et N. Genet, Paris, Gallimard, 1989.

KEMPSHALL M., *The Common Good in Late Medieval Political Thought*, Oxford, Clarendon Press, 1999.

KEHL M., « *Et Dieu vit que cela était bon* », *Une théologie de la création*, Paris, Cerf, 2008.

KEYS M. M., *Aquinas, Aristotle, and the Promise of the Common Good*, Cambridge, Cambridge University Press, 2006.

KYPRIS C. P., *History of Cyprus*, Nicosia, Nicocles Publishing, 1985.

LACHANCE L., *L'humanisme politique de saint Thomas d'Aquin. Individu et État*, 1946, rééd. Roosdaal, Quentin Moreau, 2014.

LACHAUD F., *L'éthique du pouvoir au Moyen Âge. L'office dans la culture politique (Angleterre, vers 1150-vers 1330)*, Paris, Garnier, 2010.

LAMBERTINI R., « Il cuore e l'anima della città. Osservazioni a margine sull'uso di metafore organicistiche in testi politici bassomedievali », dans *Anima e corpo nella cultura medievale*, éd. C. Casagrande, S. Vecchio, Firenze, Edizioni del Galluzzo, 1999, p. 289-303.

– « La monarchia prima della *Monarchia* : le ragioni del *regnum* nella ricezione medioevale di Aristotele », dans *Pour Dante. Travaux du Centre d'Études Supérieures de la Renaissance autour de Dante (1993-1998)*, éd. B. Pinchard, Ch. Trottmann, Paris, Champion, 2001, p. 39-75.

MANDONNET P., « Les Opuscules de saint Thomas d'Aquin. Introduction », dans THOMAS D'AQUIN, *Opuscula omnia*, Paris, Lethielleux, 1927, p. I-LIII.

MC ILWAIN C. H., *The Growth of Political Thought in the West*, New York, The Macmillan Company, 1932.

MIETHKE J., « Der erste Entwurf einer aristotelischen Theorie : Thomas von Aquin, *De regno* », dans De potestate papae. *Die päpstliche Amtskompetenz im Widerstreit der politischen Theorie von Thomas von Aquin bis Wilhlem von Ockham*, Tübingen, Mohr, 2000, p. 25-44.

MOHR W., « Bemerkungen zur Verfasserschaft von *De regimine principum* », dans Virtus politica. *Festgabe zum 75. Geburtstag von Alfons Hufnagel*, éd. J. Müller, H. Koblenberger, Stuttgart – Bad Cannerstratt, Fromman – Günther Holzboog, 1974, p. 127-145.

MOLNÁR P., « Saint Thomas d'Aquin et les traditions de la pensée politique », *Archives d'histoire doctrinale et littéraire du Moyen Âge* 69 (2002), p. 67-113.

NICOLAOU-KONNARI, A. et C. SCHABEL (éd.), *Cyprus. Society and Culture, 1191-1374*, Leiden – Boston, Brill, 2005.

O'RAHILLY A., « Notes on St. Thomas : IV. *De regimine principum* » et « V. Tholomeo of Lucca, Continuator of the *De regimine principum* », *Irish Ecclesiastical Record* 31 (1929), p. 396-410 et 606-614.

PRAWER J., *Histoire du royaume latin de Jérusalem*, trad. G. Nahon, tome II, Paris, Edition du Centre National de la Recherche Scientifique, 1969, réimpr. 2007.

RIKLIN A., « Die beste politische Ordnung nach Thomas von Aquin », dans *Politik und christliche Verantwortung. Festschrift für Franz-Martin Schmölz*, éd. G. Putz, H. Dachs, F. Horner, F. Reisinger, Innsbruck – Wien, 1992, p. 67-90.

ROSIER-CATACH I., « Civilitas », dans *Mots médiévaux offerts à Ruedi Imbach*, éd. I. Atucha, D. Calma, C. König-Pralong, I. Zavattero, Porto, Fidem, 2011, p. 163-174.

SABINE G. H., *A History of Political Thought*, New York, Holt Rinehart and Winston, 1961.

SCHABEL C. (éd.), *The Synodicum Nicosiense and Other Documents of the Latin Church of Cyprus (1196-1373)*, Nicosia, Cyprus Research Centre, 2001.

SENELLART M., *Les arts de gouverner. Du regimen médiéval au concept de gouvernement*, Paris, Seuil, 1995.

SIGMUND P. E., « Law and Politics », dans *The Cambridge Companion to Aquinas*, éd. N. Kretzmann et E. Stump, New York, Cambridge University Press, 1993, p. 217-231.

STRUVE T., *Die Entwicklung der organologischen Staatsauffassung im Mittelalter*, Stuttgart, Anton Hiersemann, 1978.

TIERNEY B., « Aristotle, Aquinas, and the Ideal Constitution », *Proceedings of the Patristic, Mediaeval, and Renaissance Conference* 4 (1979), p. 1-11.

TÖPFER B., *Urzustand und Sündenfall in der mittelalterlichen Gesellschafts- und Staatstheorie*, Stuttgart, Hiersemann, 1999.

TOSTE M., « *Pro Patria mori* : The Debate in the Medieval Aristotelian Commentary Tradition », dans *Il bene comune : forme di governo e gerarchie sociale nel basso medioevo. Atti del XLVII Convegno storico internazionale*, Spoleto, Centro italiano di studi sull'alto medioevo, 2012, p. 391-418.

VALLIN Ph., « Saint Thomas d'Aquin et la politique : Pourquoi l'homme est-il un animal politique ? L'épreuve eschatologique de la cité, entre émulation et tentation », *Revue thomiste. Saint Thomas et la politique* 114, 1 (2014), p. 59-94.

INDEX NOMINUM

(DE L'INTRODUCTION ET DE LA TRADUCTION FRANÇAISE)

ANCIENS ET MÉDIÉVAUX

NOMS MODERNES

INDEX RERUM

(DE L'INTRODUCTION
ET DE LA TRADUCTION FRANÇAISE)

INDEX AUCTORITATUM

(DE LA TRADUCTION FRANÇAISE,
UNIQUEMENT LES RÉFÉRENCES EXPLICITES)

INDEX SCRIPTURAIRE

(DE LA TRADUCTION FRANÇAISE)

TABLE DES MATIÈRES

Thomas d'Aquin

LA ROYAUTÉ, AU ROI DE CHYPRE

Imprimé en France par CPI
en janvier 2017

Dépôt légal : janvier 2017
N° d'impression : 139405